실전 파이썬 프로그래밍
The Hacker's Guide to Python

The Hacker's Guide to Python

By Julien Danjou

Copyright ⓒ 2014 Julien Danjou
Korean Translation Copyright ⓒ 2014 Insight Press
The Korean edition was published by arrangement with Julien Danjou through Agency-One, Seoul.

이 책의 한국어판 저작권은 에이전시 원을 통해 저작권자와의 독점 계약으로 인사이트에 있습니다.
신저작권법에 의해 한국 내에서 보호를 받는 저작물이므로 무단전재와 무단복제를 금합니다.

실전 파이썬 프로그래밍: 오픈 소스 개발자가 알려주는 고급 기법과 실천법

초판 1쇄 발행 2014년 12월 13일 **지은이** 줄리안 단주 **옮긴이** 김영후 **펴낸이** 한기성 **펴낸곳** 인사이트 **편집** 송우일 **제작·관리** 이지연 · 박미경 **표지출력** 소다그래픽스 **본문출력** 현문인쇄 **용지** 월드페이퍼 **인쇄** 현문인쇄 **제본** 자현제책 **등록번호** 제10-2313호 **등록일자** 2002년 2월 19일 **주소** 서울시 마포구 잔다리로 119 석우빌딩 3층 **전화** 02-322-5143 **팩스** 02-3143-5579 **블로그** http://blog.insightbook.co.kr **이메일** insight@insightbook.co.kr **ISBN** 978-89-6626-124-6 책값은 뒤표지에 있습니다. 잘못 만들어진 책은 바꾸어 드립니다. 이 책의 정오표는 http://www.insightbook.co.kr/11194에서 확인하실 수 있습니다. 이 도서의 국립중앙도서관 출판예정도서목록(CIP)은 서지정보유통지원시스템 홈페이지(http://seoji.nl.go.kr)와 국가자료공동목록시스템(http://www.nl.go.kr/kolisnet)에서 이용하실 수 있습니다.(CIP제어번호: CIP2014034413)

실전
파이썬
프로그래밍

줄리안 단주 지음 | 김영후 옮김

차례

옮긴이의 글 viii
추천의 글 x

1장 프로젝트 시작하기   1

    1.1 파이썬 버전 1
    1.2 프로젝트 구조 2
    1.3 버전 번호 정하기 4
    1.4 코딩 스타일 자동 체크 6

2장 모듈과 라이브러리   11

    2.1 import 시스템 11
    2.2 표준 라이브러리 15
    2.3 외부 라이브러리 17
    2.4 프레임워크 19
    2.5 더그 헬만 인터뷰 21
    2.6 API 변경 관리 27
    2.7 크리스토프 드 비엔느 인터뷰 30

3장 문서화　　35

3.1 스핑크스와 reST 시작하기　　37
3.2 스핑크스 모듈　　38
3.3 스핑크스 확장　　41

4장 배포　　43

4.1 파이썬 배포 도구의 역사　　43
4.2 pbr을 이용한 패키징　　46
4.3 휠 포맷　　47
4.4 패키지 설치　　49
4.5 공유하기　　50
4.6 닉 코글런 인터뷰　　54
4.7 엔트리 포인트　　56

5장 가상 환경　　63

6장 단위 테스트　　69

6.1 기본　　69
6.2 픽스처　　76
6.3 모방하기　　77
6.4 시나리오　　80
6.5 테스트 스트리밍과 병렬화　　84
6.6 커버리지　　87
6.7 tox와 virtualenv 사용　　90
6.8 테스팅 정책　　94
6.9 로버트 콜린스 인터뷰　　95

7장 메서드와 데코레이터   99

- 7.1 데코레이터 만들기 …………………………………………………… 99
- 7.2 파이썬에서 메서드는 어떻게 작동하는가 ……………………… 104
- 7.3 정적 메서드 ………………………………………………………… 107
- 7.4 클래스 메서드 ……………………………………………………… 108
- 7.5 추상 메서드 ………………………………………………………… 109
- 7.6 정적, 클래스, 추상 메서드 섞기 ………………………………… 110
- 7.7 super의 진실 ……………………………………………………… 112

8장 함수형 프로그래밍   117

- 8.1 제네레이터 ………………………………………………………… 118
- 8.2 리스트 해석 ………………………………………………………… 123
- 8.3 함수형, 함수들, 함수화 …………………………………………… 124

9장 AST   133

- 9.1 Hy ……………………………………………………………………… 136
- 9.2 폴 태글리아몬트 인터뷰 …………………………………………… 138

10장 성능과 최적화   143

- 10.1 데이터 구조 ………………………………………………………… 143
- 10.2 프로파일링 ………………………………………………………… 145
- 10.3 정렬된 리스트와 bisect …………………………………………… 150
- 10.4 네임드튜플과 슬롯 ………………………………………………… 152
- 10.5 메모이제이션 ……………………………………………………… 156
- 10.6 PyPy ………………………………………………………………… 158
- 10.7 버퍼 프로토콜을 사용한 제로 카피 ……………………………… 160
- 10.8 빅터 스티너 인터뷰 ………………………………………………… 165

11장 확장과 아키텍처　　　　　　　　　　　　169

11.1 멀티스레딩 소개 …………………………………… 169
11.2 멀티프로세싱과 멀티스레딩 ……………………… 171
11.3 비동기와 이벤트 기반 아키텍처 ………………… 173
11.4 서비스 지향 아키텍처 …………………………… 177

12장 관계형 데이터베이스와 ORM　　　　　　　　181

12.1 플래스크와 PostgreSQL을 이용한 데이터 스트리밍 ………… 185
12.2 디미트리 폰테인 인터뷰 ………………………… 190

13장 파이썬 3 지원 전략　　　　　　　　　　　　　199

13.1 언어와 표준 라이브러리 ………………………… 201
13.2 외부 라이브러리 ………………………………… 203
13.3 six 사용하기 ……………………………………… 204

14장 더 적은 코드로 많은 일하기　　　　　　　　　207

14.1 싱글 디스패처 …………………………………… 207
14.2 콘텍스트 매니저 ………………………………… 212

찾아보기 ………………………………………………… 216

옮긴이의 글

지금으로부터 13년 전인 고3 시절 잡지에서 김창준, 이강성, 이만용, 장혜식 님이 쓴 기사를 보고 파이썬을 처음 접했습니다. 1년 후 대학생이 되어서는 이젠 전설 속으로 사라져 간 조프를 사용해서 첫 번째 코딩 아르바이트를 했습니다(이제 조프는 아무도 쓰지 않겠지만 zope.interface가 남았습니다).

그때부터 다양한 일에 파이썬을 사용해 왔습니다. 엑셀과 워드 파일을 파싱해서 그룹웨어 시스템을 보완하는 차트를 만들고, wxPython으로 학부 졸업 프로젝트의 GUI 인터페이스를 만들었습니다. 트위스티드로 만든 네트워크 에이전트는 여러 공공 기관에 납품되기도 했습니다.

많은 파이썬 개발자에게 이와 비슷한 경험이 있을 것입니다. 그리고 장고와 SQLAlchemy, 플래스크가 등장한 후론, 앞서 언급한 것처럼 보완적이고 유틸리티적인 부분에 머무르지 않고, 서비스 전체를 파이썬으로 개발하는 일도 드물지 않습니다. 이제 스타트업이나 대기업에서 파이썬을 사용한다고 말해도 그다지 새롭거나 신선하지 않습니다. 이제 파이썬은 주류 언어(mainstream programming language)의 지위를 얻었거나 얻어가는 과정이라고 볼 수 있을 것입니다.

하지만 부끄럽게도 제 파이썬 기술을 돌아보면 이러한 파이썬의 점진적인 성공과 조금 다른 양상을 띨 것입니다. 제가 그동안 알고 써온 수준은 들여쓰기를 하는 유사 코드(peudo code) 수준이거나 함수형 프로그래밍이라고 부르긴 다소 민망한 람다와 리스트 해석을 아는 수준에 정체되어 있었습니다.

즉, 제가 아는 파이썬은 10~13년 전의 파이썬에 머물러 있었다고 볼 수 있죠. 물론 파이썬은 이러한 수준으로도 상대적으로 깔끔하고 유지 보수 가능한 코드를 만들어 낼 수 있는 언어이며, 이것이 파이썬 성공의 큰 이유 중 하나일 것입니다. 알고리즘을 유사 코드로 표현하고 들여쓰기를 주의하면 잘 동작합니다. 누가 봐도 이해하기 어렵지 않고 유지 보수가 가능합니다.

이러한 수준 이상을 습득하고자 한 개발자들은 인터넷에 흩어져 있는 여러 글을 보거나 오픈 소스 프로젝트에 참여해서 베스트 프랙티스를 몸으로 배웠습니다. 이런 과정들도 훌륭한 개발자가 되기 위한 아주 좋은 방법이지만, 좀 더 체계적이고 정리된 교재를 찾는 이들에겐 이 책이 좋은 길잡이가 되어 줄 것입니다.

이 책의 저자인 줄리안 단주(Julien Danjou)는 가장 성공한 클라우드 컴퓨팅 오픈 소스 프로젝트인 오픈스택 개발자로 일하면서 습득한 여러 고급 파이썬 기법과 실천법을 이 책 한 권에 담았습니다. 파이썬 언어의 고급 기법부터 프로젝트 수행에 필수적인 문서화, 테스트, 배포 환경 구축 기법들 그리고 아키텍처적인 면까지 다루고 있으니 문법이나 이론에 치우치지 않은 실용적인 고급 파이썬을 배울 수 있으리라 기대합니다.

경험이 일천한 제게 좋은 책 번역을 맡겨 주신 인사이트 한기성 사장님께 감사드립니다. 「The Zen of Python」 번역 인용을 허락해주신 이수겸, 최용, 그리고 흔쾌히 리뷰해 주시고 추천의 글을 써 주신 박진형, 하용호, 홍민희 님께 다시 한 번 감사드립니다.

추천의 글

세상에는 두 가지 종류의 책이 있다. 한 번만 읽으면 졸업할 수 있는 책, 두고두고 다시 보게 되는 책.

두 가지 책은 읽는 때가 다르다. 우리가 무언가를 배우기 시작할 때는, 한 번만 읽으면 졸업할 수 있는 책들 위주로 읽기 시작한다. '따라 하기' 식으로 구성된 많은 웹 페이지나 책들이 이에 해당할 것이다. 일련의 입문서들이다. 그렇게 수련을 하며 초보를 벗어나기 시작한다. 초급과 중급까지는 매우 쉽게 달성할 수 있다. 많은 사람이 이미 간 길이고, 그래서 이미 많은 발자국이 남아 있다. 잘 따라가기만 해도 되는 것이다. 그러다가 어느 순간 발걸음이 드문드문해지는 지점이 나타난다. 고수로 가는 시작점이다.

여기서부터 필요한 책들은 이전과 성격이 달라진다. 두고두고 다시 보게 되는 무공 비급 같은 책들이 필요해진다. 한 번 읽어도 모르겠고, 두 번 읽어도 모르겠다가, 세 번째 읽는 순간 작은 깨달음을 얻어, 한걸음씩 나가게 만들어주는 책이다. 안타깝게도 이러한 책은 매우 드물다. 비급이라는 게 원래 그렇듯이 흔하지가 않다. 이유는 두 가지가 있는데 보려는 사람이 적어서, 쓰려는 사람이 적어서다. 어려운 책을 읽어 내려면 어느 정도 기본 수준이 갖추어져 있어야 하고 이를 만족하는 사람 수는 적다. 거기다 이런 수준의 책을 쓸 수 있는 고수들은 착실히 책을 쓰기에는 좀 게으른 경향이 있다. 무협 영화에서 부지런하고 친절한 스승을 본 적이 없는 것처럼 말이다. "그건 뭐 알아서 하는 거죠." 같은 자세가 있기 마련이다.

이상의 결과로 파이썬 분야에서도 첫 번째 부류의 쉬운 책은 많은데, 두 번째 부류의 길로 가는 길을 열어줄 책은 적다. 파이썬이 다른 언어보다 그런 경향이 더한 것도 같은데 그것은 파이썬의 언어적 특성과도 연관이 있는 것 같다. 바로 배우기 너무 쉽다는 점이다.

아니 쉬우면 좋은 거 아닌가 하는 생각도 들지만, 의외로 쉽다는 장점이 때로 단점을 가져온다. 자유롭게 쓸 수 있는 시점이 굉장히 빨리 다가오기 때문에, 금방 다 알았다는 느낌이 들어서 빨리 배우기에서 손을 털어버리는 경우가 발생한다. 늘 쓰는 것만 쓰게 되고 더는 갈고 닦아야 할 필요가 느껴지지 않는다고 할까? 그 때문에 C, C++ 같은 언어는 적은 초보자와 많은 고급자를 양산해 내는 반면 루비, 파이썬 같은 스크립트 언어들은 많은 초보자와 적은 고급자를 만들어 내곤 한다.

프로그래밍 언어야 도구의 일종이니 초급자든 고급자든 큰 상관없겠지만, 그래도 산이 있어 거기 오른다는 사람들, 득도를 추구하는 사람들에겐 아쉬움이 있다. 고급자로 올라가고 싶을 때 참고할 만한 자료가 흔하지가 않기 때문이다. 물론 영어로 된 웹 자료야 찾자면 원 없이 찾을 수 있다. 하지만 한국 사람들은 책을 좋아하지 않는가? 새로 뭘 하겠다 마음먹었을 때, 서점에 가서 관련 교본 한 권을 딱 사야 마음이 놓이는 게, 입시 위주 교육의 폐해인지 뭔지는 모르겠지만, 하여간 그렇다. '아, 안타깝다. 파이썬 고급자로 올라갈 때 참고할 것들을 집대성해 놓은 책이 있으면 좋으련만 없구나.' 하는 시점에 이 책이 나왔다.

『실전 파이썬 프로그래밍』은 파이썬 초중급자가 고급자로 가기 위해 알아야 하는 것들을 총망라하고 있는 책이다. 짧은 분량에 총망라를 하고 있다 보니, 개별 분야에 대한 내용이 상세하지는 않지만, 어차피 어느 수준에 이르고 나서 중요한 것은 가야 할 길이지, 세세한 내용이 아니다.

이 책은 아름다운 프로젝트는 어떻게 달성할 수 있는지, 그와 관련된 덕목들을 파이썬으로 어떻게 달성할 수 있는지를 이야기해 준다. 즉 좋은 API를 설계하는 법, 코드의 버전 붙여 나가는 방법과 제대로 패키징하여 배포하는 방법, 아름다운 문서화 방법, 단단한 테스트를 위해 필요한 도구 등을 이야기하고 있다. 이런 것들은 정말 마음씨 좋은 선배 개발자를 만나지 않고서는 좀처럼 듣기 어려운 이야기들인데 이 책이 아주 잘 모아 놓았다.

물론 파이썬 언어 자체에 대한 이야기도 많이 하고 있다. 초심자일 때는 잘 쓰지 않는 데코레이터나 제네레이터 등 다른 언어에서 흔히 써보지 않았던 파이썬의 확장된 문법들에 대해 이야기한다. 또 파이썬이라는 언어의 한계들과 그것들을 극복하기 위한 여러 기법에 대해서도 이야기하고 있다. 덤으로 앞으로 다가올 파이썬 3를 제대로 대비하는 방법에 대해서도 말하고 있다. 아마도 처음 이 책을 보는 사람들은 코드에 관한 이야기를 많이 하는 책 후반부가 더 재미나서 먼저 보게 될지도 모르겠다.

앞에서도 운을 띄울 때부터 알아챘겠지만 이 책은 약간 어렵다. 아마도 처음 읽기를 시도했을 때는, 까만 것은 글씨고, 하얀 것은 종이로구나 하는 사람들도 있을 것이다(특히나 책에 중간 중간 나오는 파이썬 개발자 인터뷰 내용이 그럴 것이다). 그냥 지나쳐서 읽으라. 아, 뭔가 이런 게 있구나 하고, 망막을 스치며 보이는 부분만 읽어도 된다. 그렇게 한 번 읽고 조금 한편에 두다가 또 읽길 권한다. 이전에 보던 것들보다 더 많은 것이 보일 것이다. 또 시간이 지나 읽어 보면, '아, 이게 그런 말이었구나' 하는 것을 알게 될 것이다. 어느 사이엔가 나라면 더 쉽게 잘 쓸 수 있겠다고 하는 이미 고급자가 된 여러분이 있을 것이다. 그렇게 투덜거리면서도 또 이 책을 누군가에 추천하고 있을 것이다.

- 하용호, SKT

『실전 파이썬 프로그래밍』은 고급 파이썬 프로그래밍을 다루는 최초의 한국어 번역서다. 한국에서도 파이썬의 인기는 해가 거듭할수록 커지고 있지만, 한국어로 된 파이썬 서적이 다루는 분야는 입문에서 '겨우' 돌아가는 프로그램을 어떻게든 만드는 수준까지가 대부분이다. 그런 책들을 통해 파이썬의 매력에 빠진 프로그래머들의 '다음 단계'에 대한 갈증을 풀어줄 한국어 책이 지금까지는 딱히 없었지만, 이제는 이 책을 읽으면 된다.

『실전 파이썬 프로그래밍』은 '어떻게든' 돌아가는 프로그램을 만드는 것이 목표였던 기존 책에서는 다루지 않던 중요한 고급 주제들을 모두 다룬다. 가령 단순히 '애플리케이션'을 만드는 것을 넘어서 다른 애플리케이션에서도 활용될 수 있는 '라이브러리'를 만들 때 필요해지는 PEP 8 같은 표준적인 관례, setuptools를 통한 표준적인 패키징 방식, 파이썬 2부터 파이썬 3까지 여러 버전에서 두루 잘 동작하는 코드를 작성하고, 그 코드를 한꺼번에 모든 버전에서 테스트해 보는 방법, 스핑크스를 활용한 표준적인 문서화 방식, CPython 외에도 고려해야 할 PyPy 등의 대안 파이썬 구현들을 다룬다. 그 외에도 더는 무시할 수 없어진 병렬화나 비동기 이벤트 기반 아키텍처, 함수형 프로그래밍, AST나 임포트 훅을 사용한 메타프로그래밍 등도 충실하게 짚고 넘어간다.

파이썬을 접하고 이제 '어떻게든' 돌아가는 프로그램을 만들 수 있게 된 모든 프로그래머에게 이 책을 다음 단계로 권하고 싶다. 파이썬 프로그램을 '잘' 짜는 비법을 배울 수 있을 것이다.

- 홍민희, 스포카

1년 반 전부터 팬시(Fancy)에서 백엔드 엔지니어링을 맡으며 파이썬을 제대로 사용하기 시작하였다. 이전까지는 파이썬으로 간단한 셸 작업을 하거나 시스템 유지 보수를 위해 짧은 코드만을 작성하였기에 파이썬을 제대로 사용할 줄 몰랐다. 그래서 백엔드 쪽 코드를 접하면 접할수록 무언가 실무에 도움이 될 만한 내용을 공부하고 싶었다. 그런데 그러한 책이 이번에 나온 것이다. 이 『실전 파이썬 프로그래밍』이 바로 나 같은 사람들, 즉 원래 파이썬 엔지니어는 아니었지만 이쪽으로 넘어와서 코드는 작성할 순 있는데 무언가 조금 더 심화된 내용, 실무에 필요한 내용을 보고 싶은 사람들에게 정말 적합한 책이라 생각한다.

각 장에 덧붙여진 엔지니어 인터뷰도 상당히 재밌고 유익하다. 정리된 지식을 접할 수 있는 게 책의 장점인데 이렇게 실제 개발과 관련된 사람들이 어떻게 일하는지, 어떻게 파이썬을 사용했는지에 대해 알려주는 것도 이 책의 큰 장점이다.

베타 리딩에 참여하여 처음부터 책을 이미 한 번 다 읽었지만 파이썬 백엔드 엔지니어링을 계속하는 한 옆에 두고 수시로 보려고 한다. 파이썬으로 어느 정도 원하는 내용은 이제 막 만들 수 있는데 파이썬 엔지니어로서 한 단계 더 업그레이드되고 싶은 분들에게 정말 추천하고 싶은 책이다.

- 박진형, 팬시

1장

the Hacker's Guide to Python

프로젝트 시작하기

1.1 파이썬 버전

처음 할 수 있는 질문은 '어떤 버전의 파이썬을 써야 할까?'다. 파이썬은 새 버전이 나올 때마다 새 기능을 추가하고 일부를 제거하기 때문에 이 질문은 충분히 가치가 있다. 게다가 파이썬 2.x과 파이썬 3.x 사이에는 두 버전에 호환되는 코드를 유지하기 힘들 만큼 큰 간극이 있다. 이에 대해선 나중에 자세히 다룰 것이다. 지금 새 프로젝트를 시작한다면 어떤 버전이 적합한지 말하는 것도 쉽지 않지만 간단히 논의해 보자.

- 버전 2.5 이하는 상당히 퇴화했으므로 지원할 필요는 전혀 없다. 그래도 이 버전을 지원하고 싶다면 파이썬 3.x를 지원하기 더 어려워질 것이다. 그럼에도 어떤 구형 시스템은 여전히 파이썬 2.5를 사용하고 있을 텐데 만약 꼭 써야 하는 상황이라면 유감이다.
- 버전 2.6은 여전히 사용된다. 레드햇 엔터프라이즈 리눅스(Red Hat Enterprise Linux) 같은 시스템의 구형 버전에서도 볼 수 있다. 파이썬 2.6과 최신판을 지원하는 것은 그리 어렵지 않지만 꼭 2.6을 지원할 필요가 없다면 굳이 지원을 위해 스트레스를 받을 필요는 없다.
- 버전 2.7은 앞으로도 계속 파이썬 2.x의 마지막 버전으로 남을 것이다.

많은 소프트웨어와 라이브러리들이 2.7을 사용하기 때문에 이것을 주 버전으로 삼는 것이 좋다. 2.7은 2016년경까지 계속 지원될 것이다.
- 버전 3.0, 3.1 그리고 3.2는 연속적으로 다음 릴리스로 승계되었기 때문에 널리 사용되고 있진 않다. 지금 코드가 2.7을 지원하고 있다면 굳이 이 버전들을 지원할 필요는 없다.
- 3.3 이상은 가장 최근에 배포된 파이썬 3이니 지원을 고려하는 것이 좋다. 3.3 버전과 그 이상은 파이썬 언어의 미래이므로 특별히 이전 버전과의 호환성에 집중하지 않는다면 이 버전에서 코드가 문제없이 돌아가도록 하는 것이 좋다.

요약하자면 파이썬 2.6은 정말 해야 할 경우만 지원하자. 파이썬 2.7은 당연히 지원해야 한다. 소프트웨어가 가까운 미래에도 계속 돌아가길 원한다면 3.3 이상은 지원하는 것이 좋다. 이 외의 버전들은 무시해도 문제가 없지만 이 모두를 지원하는 일이 불가능하다는 이야기는 아니다. 예를 들어 체리파이(CherryPy) 프로젝트는 파이썬 2.3 이상의 모든 버전을 지원한다.

파이썬 2.7과 3.3을 모두 지원하는 프로그램을 짜는 방법은 13장에서 다룰 것이다. 앞으로 책에서 보게 되는 코드 대부분은 이 두 버전을 지원하기 때문에 13장 이전에도 이러한 기법을 조금씩 볼 기회가 있을 것이다.

1.2 프로젝트 구조

프로젝트 구조는 단순해야 하고 패키지와 계층을 적절히 사용하는 것이 좋다. 복잡한 계층은 탐색하기 어렵고 너무 단순한 계층은 비대해지기 쉽다.

단위 테스트를 패키지 디렉터리 바깥에 두는 것은 흔히 하는 실수다. 테스트들은 우리 프로그램의 서브 패키지로 포함되어야 한다. 그래야만,

- setuptools나 다른 패키징 라이브러리에 의해 최상위 모듈 테스트로 설치되지 않는다.

- 테스트 코드도 패키지와 함께 설치되고 다른 패키지가 단위 테스트를 작성하는 데 사용될 수 있다.

그림 1.1은 일반적인 파일 구조의 예다.

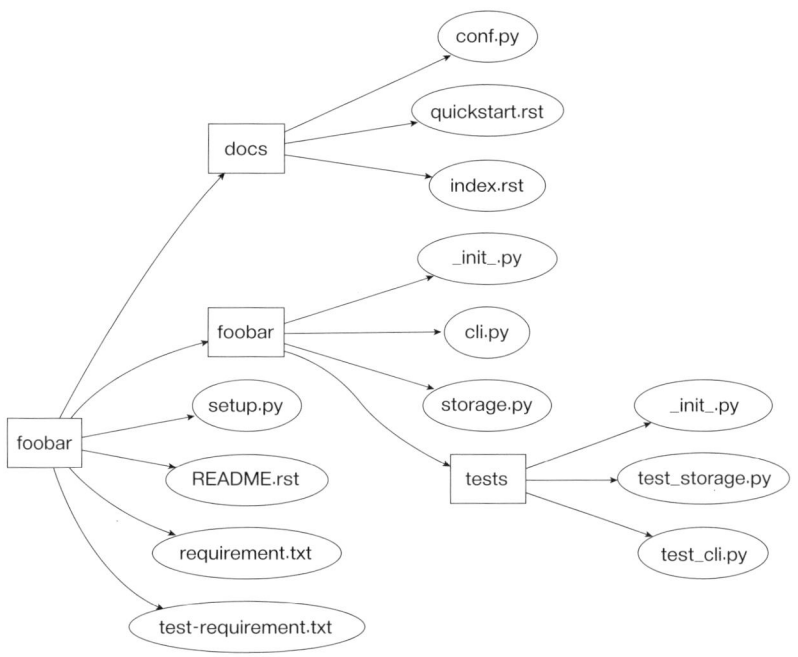

그림 1.1 표준 패키지 디렉터리 구조

setup.py 파일은 파이썬의 표준 설치 스크립트다. 이 스크립트를 실행하면 distutils 같은 파이썬 배포 유틸리티들을 이용하여 패키지를 설치한다. README.rst나 README.txt 파일에 코드의 중요한 정보를 작성할 수도 있다. 이 모듈이 의존하는 모든 패키지 목록을 pip이 설치할 수 있도록 requirements.txt에서 관리한다. 필요에 따라 test-requirements.txt 파일을 만들어 테스트 환경에 필요한 패키지 리스트를 따로 관리할 수도 있다. 마지막으로 docs 디렉터리는 reStructuredText 포맷의 문서화 파일을 가지고 있어야 한다. 3.1에서 자세히 알아볼 스핑크스(Sphinx)가 이 파일을 사용한다.

패키지는 때때로 이미지나 셸 스크립트를 포함하는데 이러한 파일들을 어떻게 정리할 것인지에 대해 통일된 표준은 없으니 가장 의미 있다고 생각되는 곳에 위치시키면 된다.

다음 최상위 디렉터리들도 있을 수 있다. 대부분의 경우 다음과 같은 의미로 사용된다.

- etc에 설정 파일 견본을 둔다.
- tools에 셸 스크립트나 관련된 도구 파일들을 둔다.
- bin에 setup.py에 의해 설치되는 바이너리 스크립트를 둔다.
- data에 미디어 파일 같은 일반적인 데이터를 둔다.

코드 타입에 근거해 파일이나 모듈을 만드는 것을 가끔 볼 수 있는데 이것은 좋지 않다. 즉 function.py나 exceptions.py 같은 파일을 만드는 것은 아주 좋지 않다. 코드 조직화에 전혀 도움이 되지 않으며 코드를 읽는 사람이 여러 파일을 오고 가게만 할 뿐이다. 언제나 타입이 아닌 기능에 따라 코드를 분류하자.

다른 좋지 않은 예는 __init__.py만 달랑 있는 디렉터리를 만드는 것이다. 실제 사용되는 파이썬 파일들이 있을 때만 디렉터리를 만들자.

1.3 버전 번호 정하기

파이썬 생태계는 패키지 메타데이터들을 표준화하려고 노력 중이다. 버전 번호는 그러한 메타데이터 중 하나다.

PEP 440(http://www.python.org/dev/peps/pep-0440)은 모든 파이썬 패키지와 애플리케이션이 따라야 하는 버전 포맷을 명시하고 있다. 이 방법을 쓰면 다른 프로그램이나 패키지가 우리가 만드는 패키지의 어느 버전을 써야 하는지 쉽게 알 수 있다.

PEP 440은 다음 정규표현식을 버전 넘버링에 사용한다.

N[.N]+[{a|b|c|rc}N][.postN][.devN]

이 표현식은 우리가 흔히 볼 수 있는 1.2나 1.2.3과 같은 버전 번호를 허용한다. 다음 경우들도 알아두자.

- 1.2는 1.2.0과 같다. 1.3.4는 1.3.4.0과 같다.
- N[.N]+와 매치되는 버전은 최종(final) 릴리스로 간주된다.
- 2013.06.22 같은 날짜 기반 버전 번호는 허용하지 않는다. PEP 440 포맷 버전 번호를 검사하는 도구는 1980과 같거나 그보다 큰 수가 있으면 에러를 낸다.

버전 번호의 마지막 부분은 다음과 같은 포맷을 사용한다.

- N[.N]+aN(예: 1.2a1)은 알파 릴리스, 즉 불완전한 릴리스를 의미한다.
- N[.N]+bN(예: 2.3.1b2)은 베타 릴리스, 기능적으론 완전하나 버그가 있을지도 모르는 버전을 의미한다.
- N[.N]+cN 또는 N[.N]+rcN(예: 0.4rc1)은 최종 후보 버전, 즉 특별한 버그가 없다면 제품이 될 수 있는 버전을 의미한다. rc와 c는 의미가 같지만 둘 다 사용될 경우 rc 릴리스가 c 릴리스보다 더 새로운 것을 의미한다.

추가로 다음과 같은 접미사들도 쓰일 수 있다.

- .postN(예: 1.4.post2)은 포스트 릴리스 버전을 의미한다. 보통 릴리스 노트에 실수가 있었다거나 하는 것 같은 릴리스 과정의 작은 실수를 바로잡는 데 사용한다. 이것을 버그 수정을 위해 써서는 안 된다. 버그를 수정했다면 마이너 버전 번호를 올리자.
- .devN(예: 2.3.4.dev3)은 개발 버전 릴리스를 의미하며 사용자들에게 사용에 어려움이 있을지도 모른다고 알릴 수 있다. 개발 버전은 목표 버전의 사전(pre) 릴리스가 된다. 예를 들어 2.3.4.dev3는 2.3.4 릴리스의 세 번째 개발 릴리스임을 의미하며 알파, 베타, RC, 그리고 최종 버전 이전에 사용된다.

이 방법들로 대부분의 경우를 커버할 수 있을 것이다.

시맨틱 버저닝(Semantic Versioning, http://semver.org/)이라는 방법론은 자체적인 버전 넘버링에 대한 가이드라인을 제공하는데 PEP 440과 부분적으로 겹치기는 하지만 완벽하게 호환되지는 않는다. 예를 들어 시맨틱 버저닝이 제안하는 사전 릴리스 버전 스키마는 1.0.0-alpha+001 같은 형식이지만 이는 PEP 440과 맞지 않는다.

더 복잡한 버전 번호를 원한다면 PEP 426(http://www.python.org/dev/peps/pep-0426)이 정의한 소스 라벨(source label)에 주석을 남길 수 있다. 이 필드에 어떠한 버전 문자열도 쓸 수 있으며 PEP의 요구 조건에 맞는 버전 번호를 생성한다.

깃(Git)과 머큐리얼(Mercurial) 같은 대부분의 DVCS(Distributed Version Control System: 분산 버전 관리 시스템) 도구들은 해시[1]를 이용한 버전 번호를 만들 수 있는데 불행히도 이것은 PEP 440과 호환되지 않는다. 이 해시만으로 순서를 알 수 없기 때문이다. 하지만 소스 라벨에 이러한 DVCS가 생성한 버전 번호 값을 넣을 수 있고, PEP 440에 호환되는 버전 번호를 생성할 수 있다.

 4.2에서 더 자세히 알아볼 pbr(Python Build Reasonableness, https://pypi.python.org/pypi/pbr)이라는 도구는 프로젝트의 깃 리비전에 따라 자동으로 버전 번호를 만들 수 있다

1.4 코딩 스타일 자동 체크

코딩 스타일은 예민한 주제다. 하지만 다룰 필요가 있다.

블록을 지정하기 위해 들여쓰기를 쓰는 파이썬은 다른 언어에 비해 코딩 스타일에서 유리한 점이 있다. 블록이 있기 때문에 "중괄호를 어디 써야 하나요?" 같은 질문을 피할 수 있는 건 축복이지만 세상이 그렇게 쉽지는 않다. 파이썬 세계에선 "어떻게 들여 써야 하나요?"라는 질문이 있다.

그래서 현명한 파이썬 커뮤니티는 PEP 8(Style Guide for Python Code,

---

1 깃의 경우 git describe를 통해 가능하다.

http://legacy.python.org/dev/peps/pep-0008/)에 표준 스타일을 소개하였다.

- 들여쓰기는 공백 문자 네 개로 하자.
- 한 줄의 최대 글자는 79자로 한다.
- 최상위 함수와 클래스 정의들은 두 줄씩 띄우자.
- 파일은 UTF-8 또는 아스키(ASCII)로 인코딩하자.
- 한 import 문에선 모듈 하나만 임포트한다. 한 줄에 import 문 하나만 쓰자. import는 파일의 처음에 두지만 docstring과 같은 주석이 있으면 바로 그 다음에 위치시키자. import는 표준 라이브러리, 서드 파티, 로컬 라이브러리 순으로 묶자.
- 소괄호나 중괄호, 대괄호 사이에 추가로 공백을 주지 말고, 쉼표 앞에도 공백을 주지 말자.
- 클래스 이름은 CamelCase처럼 카멜케이스를 따르자. 예외명은 Error로 끝내자. 함수 이름은 separated_by_underscores처럼 소문자와 밑줄 문자(_)를 이용해서 짓자. 비공개인 속성이나 메서드 이름은 밑줄 문자로 시작하자(_private).

이 가이드라인들은 따르기 어렵지 않고 충분히 의미가 있다. 대부분의 파이썬 개발자들은 코딩을 하면서 이 가이드라인을 따르는 게 어렵지 않을 것이다.

하지만 실수를 하니까 인간이다. 매번 PEP 8 가이드라인을 맞추기 위해 코드를 훑어보는 것은 성가신 일이다. 그래서 pep8(https://pypi.python.org/pypi/pep8)을 쓰면 이 검사를 자동으로 할 수 있다.[2]

예 1.1 pep8 실행

```
$ pep8 hello.py
hello.py:4:1: E302 expected 2 blank lines, found 1
$ echo $?
1
```

---

[2] (옮긴이) 파이썬에 pep8이 기본으로 들어있지 않기 때문에 설치해야 한다.

pep8은 PEP 8을 따르지 않는 줄과 열 그리고 위반 사항을 코드와 함께 알려준다. PEP8 명세에서 필수인 것들을 어겼다면 글자 E로 시작하는 에러로 보고되고, 사소한 문제들은 W로 시작하는 경고로 표시된다. 그리고 세 자리 숫자가 어떤 종류의 에러나 경고인지 알려주는데 이 숫자들은 그룹화되어 있어 어떤 성격의 에러인지 쉽게 알 수 있다. 예를 들어 E2로 시작하는 이슈들은 공백 문자에 대한 것들이다. E3로 시작하는 이슈들은 공백 줄에 대한 것들이며 W6로 시작하는 경고들은 현재 파일에서 사용되고 있는 폐기된 기능들에 대한 것들이다.

파이썬 커뮤니티는 표준 라이브러리가 아닌 코드들이 PEP 8을 지키는 것에 대한 논쟁을 계속하고 있다. 내 의견은 언제나 작성한 코드에 대해 주기적으로 PEP 8 검사 도구를 이용해 확인하라는 것이다. 테스트 스위트와 통합하면 쉽다. 이는 다소 극단적일 수 있지만 PEP 8 가이드라인을 장기적으로 따를 수 있는 좋은 방법이다.

6.7에서 pep8과 tox를 결합해서 이 검사를 자동화하는 방법을 배울 것이다.

오픈스택 프로젝트는 시작할 때부터 자동화된 체크를 통해 PEP 8 가이드라인을 강제했다. 때때로 새로 들어오는 개발자들이 힘들어 하지만 167만 줄에 달하는 코드의 모든 부분에서 같은 스타일의 코드를 만들 수 있다. 여러 개발자가 공백 문자 순서에 대해 의견이 다르다면 프로젝트 규모와 상관없이 이러한 작업은 아주 중요하다.

--ignore 옵션을 쓰면 특정 에러나 경고를 무시하는 것도 가능하다.

예 1.2 pep8을 --ignore 옵션과 함께 사용하기

```
$ pep8 --ignore=E3 hello.py
$ echo $?
0
```

이 옵션을 써서 지금 따르고 싶지 않은 특정 PEP 8 가이드를 무시할 수 있다. 이미 작업이 진행된 코드에 처음 pep8을 실행한다면 이 옵션을 써서 한 번에 한 카테고리의 이슈들을 고치는 데 집중할 수 있을 것이다.

> 필요하다면 PEP 7(http://legacy.python.org/dev/peps/pep-0007/)에서 파이썬을 위한 C 코드의 스타일 가이드를 확인할 수 있다.

단순한 스타일 검사를 넘어서 코딩 에러를 검사해주는 도구들은 다음과 같다.

- pyflakes(https://launchpad.net/pyflakes)는 플러그인을 지원한다.
- pylint(https://pypi.python.org/pypi/pylint)는 PEP 8과 더불어 더 많은 검사를 기본으로 한다. 역시 플러그인을 지원한다.

이 도구들은 코드를 파싱하고 분석하는 정적 분석 기법을 쓴다.

pyflakes는 PEP 8 검사를 하지 않기 때문에 pep8을 따로 실행해야 한다. 이것을 단순화하려고 flake8(https://pypi.python.org/pypi/flake8) 프로젝트는 pyflakes와 pep8을 하나의 명령어로 합쳤다. 또한 #noqa라는 글자가 있는 줄의 검사를 통과하는 기능이나 엔트리 포인트를 통한 확장성을 제공한다.

아름답고 통일된 코드를 임무로 삼는 오픈스택 프로젝트는 모든 코드 검사에 flake8을 사용하다가 개발자들이 flake8의 확장 기능을 이용하여 더 많은 잠재적인 위험을 찾을 수 있는 기능을 추가하였다. 이러한 노력의 결과로 hacking(https://pypi.python.org/pypi/hacking)이라는 이름의 flake8의 확장을 만들었다. 이 도구는 except의 이상한 사용, 파이썬 2/3 사이의 호환성 이슈, import 스타일, 위험한 문자열 포매팅, 그리고 잠재적인 지역화 이슈들을 추가로 검사한다.

새 프로젝트를 시작한다면 이러한 도구 중 하나를 사용해 코드 품질과 스타일을 자동으로 검사하길 권한다. 이미 작성된 코드가 있다면 많은 경고 옵션을 끄고 한 번에 경고 카테고리 하나씩 문제를 해결하는 것도 좋은 방법이다.

이러한 도구들이 각자의 프로젝트나 설정에 완벽하게 들어맞진 않겠지만 flake8이나 hacking을 함께 쓰면 코드의 품질과 안정성을 높이는 데 도움이 될 것이다. 적어도 이 목표를 달성하기 위한 좋은 출발이다.

유명한 GNU 이맥스(Emacs)나 vim 같은 많은 텍스트 에디터들은 지금 작성하고 있는 코드 버퍼에서 pep8이나 flake8을 바로 실행해주고 PEP 8에 맞지 않는 부분을 자동으로 강조해주는 Flymake 같은 플러그인들이 있다. 코드를 작성해 가면서 스타일들을 바로잡을 수 있기 때문에 아주 편리하다.

2장

모듈과 라이브러리

2.1 import 시스템

모듈과 라이브러리를 쓰기 위해 우선 들여오기(import)를 해야 한다.

The Zen of Python

```
>>> import this
The Zen of Python, by Tim Peters
아름다움이 추함보다 좋다.
명시가 암시보다 좋다.
단순함이 복잡함보다 좋다.
복잡함이 꼬인 것보다 좋다.
수평이 계층보다 좋다.
여유로운 것이 밀집한 것보다 좋다.
가독성은 중요하다.
특별한 경우라는 것은 규칙을 어겨야 할 정도로 특별한 것이 아니다.
허나 실용성은 순수성에 우선한다.
오류 앞에서 절대 침묵하지 말지어다.
명시적으로 오류를 감추려는 의도가 아니라면.
모호함을 앞에 두고, 이를 유추하겠다는 유혹을 버려라.
어떤 일에든 명확한 - 바람직하며 유일한 - 방법이 존재한다.
비록 그대가 우둔하여 그 방법이 처음에는 명확해 보이지 않을지라도.
지금 하는 게 아예 안 하는 것보다 낫다.
아예 안 하는 것이 지금 *당장*보다 나을 때도 있지만.
구현 결과를 설명하기 어렵다면, 그 아이디어는 나쁘다.
구현 결과를 설명하기 쉽다면, 그 아이디어는 좋은 아이디어일 수 있다.
네임스페이스는 대박 좋은 아이디어다 - 마구 남용해라![1]
```

---

[1] (옮긴이) 파이썬 인터프리터에서 import this를 실행하면 The Zen of Python(PEP 20)의 영문판이 출력되지만 이해하기 쉽게 https://bitbucket.org/sk8erchoi/peps-korean/src에 소개된 번역문(옮긴이: 이수겸)을 실었다.

파이썬의 들여오기 시스템은 복잡하지만 기본적인 사용법은 이미 알고 있을 것이다. 여기선 내부 시스템의 일부를 알아보자.

sys 모듈은 파이썬 들여오기에 대한 많은 정보를 가지고 있다. 우선 sys.modules를 통해 현재 불러온 모듈을 알 수 있다. sys.modules는 키로 모듈 이름을, 값으로 모듈 객체를 가지는 딕셔너리다.

```
>>> sys.modules['os']
<module 'os' from '/usr/lib/python2.7/os.pyc'>
```

어떤 모듈들은 기본으로 제공되는 모듈로 들여오기를 하지 않아도 바로 사용할 수 있으며 이것들은 sys.builtin_modules_names에서 볼 수 있다. 이 기본 모듈은 시스템의 파이썬 컴파일 옵션에 따라 달라질 수 있다.

모듈을 들여올 때 파이썬은 특정 경로들에서 그 모듈을 찾는데 sys.path 리스트에 모듈을 찾을 경로를 보관한다. 코드를 통해 이 리스트를 변경할 수 있다. 또는 PYTHONPATH 환경 변수를 설정하면 코드를 쓰지 않아도 된다. 다음 두 예는 거의[2] 동일하다.

```
>>> import sys
>>> sys.path.append('/foo/bar')
```

```
$ PYTHONPATH=/foo/bar python
>>> import sys
>>> '/foo/bar' in sys.path
True
```

모듈을 찾을 때 sys.path 리스트에 대한 루프를 돌기 때문에 리스트 내 경로의 순서가 중요할 수도 있다.

커스텀 임포터(importer)를 만들어서 기본적인 들여오기 메커니즘을 확장하는 것도 가능한데 Hy[3]에서 파이썬이 .py나 .pyc가 아닌 다른 파일도 불러오기 위해 이러한 기법을 사용하였다.

---

2 '거의'라고 한 것은 리스트에서 추가한 경로의 순서가 다르기 때문이다. 하지만 sys.path 리스트의 '순서'에 의존하는 프로그램을 만들지 않는 이상 아무 차이가 없다.
3 Hy는 파이썬 위에 구현된 리스프(Lisp) 언어 구현체이며 9.1에서 자세히 다룰 것이다.

PEP 302(http://www.python.org/dev/peps/pep-0302/)[4]는 들여오기를 확장하고 프리프로세싱을 허용하는 후킹 메커니즘을 정의하였다. 원한다면 sys.path_hooks에 팩터리 클래스를 추가하여 커스텀 모듈 파인더 같은 것을 구현할 수 있다.

모듈 파인더는 find_module(fullname, path=None) 메서드를 구현하여 불러오기를 담당하는 로더 객체를 리턴한다. 로더 객체는 소스 파일 하나의 로딩을 책임지는 load_module(fullname) 메서드를 구현하여야 한다.

다음 코드는 Hy가 .py 파일이 아닌 .hy 확장자 파일을 불러오기 위해 만든 커스텀 임포터다.

예 2.1 Hy 모듈 임포터

```python
class MetaImporter(object):
    def find_on_path(self, fullname):
        fls = ["%s/__init__.hy", "%s.hy"]
        dirpath = "/".join(fullname.split("."))

        for pth in sys.path:
            pth = os.path.abspath(pth)
            for fp in fls:
                composed_path = fp % ("%s/%s" % (pth, dirpath))
                if os.path.exists(composed_path):
                    return composed_path

    def find_module(self, fullname, path=None):
        path = self.find_on_path(fullname)
        if path:
            return MetaLoader(path)

sys.meta_path.append(MetaImporter())
```

경로가 확인되고 모듈이 있으면 MetaLoader를 돌려준다.

MetaLoader 코드

```python
class MetaLoader(object):
    def __init__(self, path):
        self.path = path

    def is_package(self, fullname):
```

---

4   PEP 이름은 「New Import Hooks」이며 파이썬 2.3부터 지원한다.

```
            dirpath = "/".join(fullname.split("."))
            for pth in sys.path:
                pth = os.path.abspath(pth)
                composed_path = "%s/%s/__init__.hy" % (pth, dirpath)
                if os.path.exists(composed_path):
                    return True
            return False

        def load_module(self, fullname):
            if fullname in sys.modules:
                return sys.modules[fullname]

            if not self.path:
                return

            sys.modules[fullname] = None
            mod = import_file_to_module(fullname,
                                        self.path)  ①

            ispkg = self.is_package(fullname)

            mod.__file__ = self.path
            mod.__loader__ = self
            mod.__name__ = fullname

            if ispkg:
                mod.__path__ = []
                mod.__package__ = fullname
            else:
                mod.__package__ = fullname.rpartition('.')[0]

            sys.modules[fullname] = mod
            return mod
```

① import_file_to_module은 Hy 소스 파일을 읽어서 파이썬 코드로 컴파일한 후 파이썬 모듈 객체를 돌려준다.

uprefix 모듈 또한 이러한 기능을 사용한 좋은 예다. 파이썬 3.0부터 3.2까지는 파이썬 2에서 유니코드를 지칭한 u 접미사가 없었다.[5] 이 모듈은 컴파일 이전에 u 글자를 제거하여 파이썬 2.x 와 3.x 사이의 호환성 문제를 해결해준다.

---

5   파이썬 3.3에서 다시 돌아왔다.

2.2 표준 라이브러리

파이썬은 원하는 거의 모든 기능에 대해 방대한 표준 라이브러리를 제공한다. 많은 파이썬 입문자들은 파이썬이 이렇게 굉장한 기능을 즉시 쓸 수 있도록 기본으로 제공한다는 것에 놀란다.

단순한 기능을 제어하는 함수를 스스로 만들고 있다면 '당장' 그만두고 표준 라이브러리를 먼저 보자. 모든 라이브러리를 최소한 한 번은 대충이라도 훑어보는 것이 좋다. 그러면 언젠가 어떤 기능이 필요하면 그것이 표준 라이브러리에 있는 것인지 알 수 있다.

책의 뒷부분에서 functools와 itertools 같은 일부 모듈에 대해 더 자세히 알아볼 것이다. 하지만 다음 표준 모듈 정도는 어떤 기능을 하는지 알아두자.

- atexit: 프로그램이 종료될 때 호출되는 함수를 등록할 수 있게 해 준다.
- argparse: 명령행 매개 변수를 파싱하는 기능을 제공한다.
- bisect: 리스트 정렬을 위한 바이섹션(bisection) 알고리즘을 구현했다 (10.3을 보라).
- calendar: 날짜 관련 함수들을 제공한다.
- codecs: 데이터 인/디코딩을 제공한다.
- collections: 아주 다양한 데이터 구조를 제공한다.
- copy: 데이터를 복사하는 기능을 제공한다.
- csv: CSV 파일을 읽고 쓰는 기능을 제공한다.
- datetime: 날짜와 시간을 다루는 클래스들이 있다.
- fnmatch: 유닉스 스타일의 파일 이름 패턴을 찾는 함수들을 제공한다.
- glob: 유닉스 스타일의 경로 패턴 찾기 기능을 제공한다.
- io: I/O 스트림을 제어할 수 있다. 파이썬 3에선 문자열을 파일로 취급할 수 있는 StringIO 모듈을 포함한다. 파이썬 2에서 이 모듈은 독립적으로 있다.
- json: JSON 포맷을 읽고 쓰는 기능을 제공한다.

- logging: 파이썬이 기본으로 제공하는 로깅 기능이다.
- multiprocessing: 스레드와 흡사한 API로 자식 프로세스를 실행할 수 있다.
- operator: 기본 파이썬 연산자와 동일한 함수를 제공한다. 이것들은 람다(lambda) 함수를 작성하는 것을 대체할 수 있으며 8.3에서 이 기능을 자세히 볼 것이다.
- os: 기본적인 OS 함수를 제공한다.
- random: 랜덤 숫자를 생성하는 함수다.
- re: 정규표현식 함수를 제공한다.
- select: 이벤트 루프를 만드는 select()와 poll() 함수를 쓸 수 있게 해 준다.
- shutil: 하이 레벨의 파일 기능들을 제공한다.
- signal: POSIX 시그널을 제어할 수 있다.
- tempfile: 임시 파일과 디렉터리에 대한 기능을 제공한다.
- threading: 하이 레벨 스레딩 기능들을 제공한다.
- urllib(파이썬 2.x에선 urllib2와 urlparse다): URL을 파싱하는 함수들을 제공한다.
- uuid: UUID(Universally Unique Identifiers)를 만들 수 있는 모듈이다.

각 라이브러리가 어떤 일을 하는지 기억할 수 있도록 이 목록을 간단한 참고 자료로 사용해도 좋다. 더 많은 라이브러리의 사용처를 기억하고 있을 수록 라이브러리를 찾는 시간은 줄이고 코드를 짜는 데 더 많은 시간을 할애할 수 있을 것이다.

 표준 라이브러리는 전부 파이썬으로 만들었으므로 원한다면 표준 라이브러리의 모듈이나 소스를 직접 볼 수 있다. 뭔가 의문스럽다면 소스를 열고 코드가 어떻게 동작하는지 직접 보도록 하자. 표준 라이브러리는 문서화가 아주 잘 되어 있지만 소스를 직접 보면 배울 수 있는 것들도 있다.

2.3 외부 라이브러리

원하던 생일 선물이나 크리스마스 선물을 받았는데 포장을 벗겨 보니 필요한 배터리가 없던 기억이 있는가? 파이썬의 '배터리 포함' 철학은 개발자로서 그러한 일을 겪는 걸 방지하기 위해 있다. 철학은 단순하다. 파이썬을 설치하면 원하는 프로그램을 만들기 위해 필요한 것을 모두 가지고 있어야 한다.

하지만 파이썬을 만드는 사람들이 우리가 만들고자 하는 모든 걸 예상할 순 없다. 만에 하나 그럴 수 있다 해도 개발자들은 파일 이름을 바꾸는 스트립트 같은 걸 짜기 위해 수 기가바이트의 다운로드를 받으려 하지 않을 것이다. 결국 파이썬에 엄청난 기능의 기본 라이브러리가 있다 해도 언제나 표준 라이브러리가 커버하지 못하는 것들이 있다. 물론 그런 작업을 파이썬으로 못한다는 것을 의미하진 않는다. 그저 외부 라이브러리를 써야 하는 상황이 있다는 것이다.

파이썬 표준 라이브러리는 안전하고 속속들이 알고 있는 영역과 같다. 표준 라이브러리의 모듈은 자세히 문서화되어 있고, 많은 사람이 항상 쓰고 있어서 우리가 쓰려 할 때 까다로운 고장을 일으키는 일이 없다. 정말 예외적으로 그렇다 해도 그 고장이 빠른 시일 내에 누군가에 의해 고쳐지리라고 확신할 수 있다. 이에 비해 외부 라이브러리는 지도에 "여기 용(龍)이 있을지도 모른다"라고 표시된 지역과 같다. 문서가 드물 수도 있고 기능에 버그가 있을 수도 있고 업데이트가 뜸하거나 전혀 없을 수도 있다. 중요한 프로젝트가 외부 라이브러리 기능을 꼭 필요로 한다면 그것을 사용하는 위험성에 대해 유념해야 한다.

현장의 일화를 하나 소개하자. 오픈스택 프로젝트는 잘 알려진 파이썬 데이터베이스 툴킷인 SQLAlchemy를 사용하는데 데이터베이스 스키마 마이그레이션을 위해 sqlalchemy-migrate 모듈을 사용하였다. 한때 이 모듈은 잘 동작하였으나 버그가 쌓이기 시작했고 고쳐지지 않았다. 게다가 그때쯤 오픈스택은 파이썬 3를 지원하려는 계획이 있었고 sqlalchemy-migrate가 파이썬 3를 지원할 것 같은 징후는 전혀 없었다. sqlalchemy-migrate가 사실상 죽은 프로젝트가 된 것이고 우리는 새 대체재를 찾아야 했다. 이 글을 쓰고 있는 지금 오픈스택 프로젝트는 Alembic(https://pypi.python.org/pypi/alembic)을 사용해서 데이터베이스 마이그레이션을 하고 있다. 전혀 수고가 없지는 않으나 큰 문제는 없었다.

이 모든 이야기는 한 가지 중요한 질문으로 귀결된다. '어떻게 같은 실수를 다시 하지 않을 수 있을까?' 불행히도 그 방법은 없다. 프로그래머도 인간이기에 현재 활발히 유지 보수되는 라이브러리가 몇 달 이후에도 같으리라는 보장은 할 수 없다. 그럼에도 오픈스택에선 우리가 할 수 있는 최선의 판단을 내리기 위해 다음 체크리스트를 사용한다. 다른 프로젝트에서도 활용하면 좋을 것이다.

- 파이썬 3 호환. 지금 당장 우리 프로젝트가 파이썬 3를 사용할 계획이 없더라도 언젠가 쓸 가능성이 없지 않을 것이다. 그러니 라이브러리가 파이썬 3를 지속적으로 지원하는지 확인하는 것이 좋다.
- 활발한 개발. 깃허브(GitHub, https://github.com)와 올로(Ohloh, http://www.ohloh.net)에서 라이브러리가 현재 메인테이너에 의해 개발되고 있는지 충분히 확인할 수 있다.
- 활발한 유지 보수. 라이브러리가 기능적인 의미에서 '개발 완료' 상태라 하더라도 메인테이너가 버그를 제거하기 위해 계속 일을 하는지 확인할 수 있다. 프로젝트의 이슈 트래커를 보면 메인테이너가 버그에 얼마나 빨리 대응하는지 알 수 있다.
- 운영 체제 배포와 함께 패키징되는지 여부. 라이브러리가 주요 리눅스 배포판에 포함된다면 이미 다른 많은 프로젝트가 그 라이브러리에 의존하고 있다는 뜻이다. 무엇이 잘못되더라도 이미 많은 불만이 접수되어 고치고 있을 가능성이 높다. 또한 소프트웨어를 공개적으로 릴리스할 때 라이브러리가 운영 체제와 함께 패키징되었다면 배포가 더 쉬울 것이다.
- API 호환성 유지. 라이브러리가 현재 사용하고 있는 API를 바꿔버려서 우리 프로그램이 고장 나는 것보다 안 좋은 일은 없다. 라이브러리 제작

자가 과거에 이와 비슷하게 API를 변경하였는지 확인하는 것도 좋을 것이다.

사용 중인 모든 외부 라이브러리에 이 체크리스트를 확인해 보는 것이 좋은 생각이지만 아마 아주 힘든 검증이 될 것이다. 프로그램이 한 가지 특정 라이브러리에 크게 의존한다면 이 라이브러리와 이 라이브러리의 다른 의존 라이브러리들에 대해 이 체크리스트를 적용해 보는 정도로도 좋을 것이다.

결과적으로 어떤 라이브러리를 쓰든지 잠재적 위험성이 있는 다른 모든 도구와 같이 취급해야 한다. 이러한 일이 항상 있지는 않지만 만약 망치가 있다면 집 전체에 망치질을 해서 무언가 망가트리지는 않는지, 또는 정말로 망치가 필요하지만 깨어지기 쉬운 보물에서 멀리 떨어뜨리기 위해 창고에 처박아 두진 않았는지 자문해 보자.

외부 라이브러리를 쓸 때도 마찬가지다. 얼마나 그것이 유용하든 그것이 우리 코드에 너무 깊이 파고드는 것은 염려해야 한다. 무언가 잘못되어 라이브러리를 교체해야 한다면 너무 많은 코드를 수정해야 할 것이다. 더 좋은 방법은 우리 코드에 외부 라이브러리를 사용하는 부분에 대한 API를 두어서 내부 소스와 분리하는 것이다. 이러면 내부 소스는 외부 라이브러리가 무엇인지 알 필요 없이 우리의 API 기능에만 의존할 수 있다. 다른 라이브러리가 필요하다면 이 감싼 API만을 수정하면 된다. 다른 라이브러리가 같은 기능을 제공하는 한 우리의 내부 소스를 건드릴 필요는 없을 것이다. 물론 예외가 있을 수 있지만 대다수 라이브러리는 아주 특정 영역의 문제만을 해결하기 위해 설계되었기 때문에 쉽게 고립시킬 수 있다.

4.7.3에선 엔트리 포인트를 이용해 우리 프로젝트의 일부분을 모듈로 간주하여 쉽게 변경할 수 있는 방법을 알아볼 것이다.

2.4 프레임워크

다양한 종류의 애플리케이션을 위해 다양한 파이썬 프레임워크가 있다. 웹 애플리케이션이라면 장고(Django), 파일론(Pylons), 터보기어(TurboGears), 토네이도(Tornado), 조프(Zope), 플론(Plone) 등이 있고 이벤트 기반 프레임워크를 찾는다면 트위스티드(Twisted)나 서킷(Circuits) 등이 있다.

프레임워크를 쓴다는 것은 그 위에 무엇을 쌓아올리는 것이다. 이는 프레임워크와 외부 라이브러리 간의 주요한 차이점이다. 우리 코드는 프레임워크를 확장하거나 그 반대의 행위를 할 것이다. 이와 반대로 라이브러리는 우리 코드가 더 추가적인 작업을 하기 위해 사용하는 '추가 기능'이라 볼 수 있다. 프레임워크는 반대로 우리 코드의 뼈대를 구성하여 우리가 하는 작업은 그 뼈대 위에 특정 기능을 올리는 것이다. 이것은 양날의 검이라 볼 수 있다. 빠른 프로토타이핑이나 빠른 개발처럼 프레임워크를 써서 얻는 이득도 많지만 프레임워크에 종속되는 것 같은 무시할 수 없는 단점도 있다. 프레임워크를 쓸지 결정할 때는 충분히 이러한 고려를 해야 한다.

파이썬 애플리케이션에서 프레임워크를 선택할 때 추천하는 방법은 앞에서 설명한 좋은 라이브러리를 고르는 방법과 대부분 일치한다. 프레임워크가 결국 여러 라이브러리의 번들로 배포되기 때문에 더욱 그러할 것이다. 어떤 프레임워크들은 애플리케이션을 만들고, 실행하고, 배포하는 도구들을 가지고 있지만 이것들이 앞에 나온 가이드라인을 바꾸지는 않는다. 이전에 작성한 코드에서 라이브러리를 바꾸는 것의 고통을 이미 이야기했지만 프레임워크를 교체하는 것은 수천 배는 더 힘든 일이다. 대부분 프로그램을 완전히 처음부터 재작성하는 일을 요구한다.

예를 하나 들자면 앞에서 말한 트위스티드 프레임워크는 여전히 파이썬 3를 지원하지 않는다. 트위스티드를 사용하는 프로그램을 몇 년 전에 짰는데 지금 파이썬 3에서 그것을 실행하길 원한다면 전체 프로그램을 다른 프레임워크를 써서 바꾸든지 또는 누군가가 이 프레임워크를 파이썬 3를 지원하게끔 기다리는 일밖에 없을 것이다.

어떤 프레임워크는 다른 것보다 가볍다. 예를 들어 장고는 자체적인 ORM 기능이 있지만 플래스크(Flask)는 그러한 것이 없다. 더 작은 프레임워크는 미래에 겪을 문제가 적다는 것을 의미하지만 기능이 적다는 것은 우리가 코드를 짜든지 다른 라이브러리를 선택하는 것과 같이 스스로 더 많은 문제를 해결해야 함을 뜻한다. 어떠한 상황에 있든지 선택은 각자 몫이지만 현명한 선택을 하길 바란다. 프레임워크를 바꾸는 것은 엄청나게 힘든 일이다. 파이썬이 아주 많은 기능을 제공하지만 이것에 대해 도와줄 수 있는 건 없다.

2.5 더그 헬만 인터뷰

지난 몇 달간 드림호스트(DreamHost)의 시니어 개발자이자 오픈스택 프로젝트의 공식 기여자인 더그 헬만(Doug Hellmann)과 함께 일할 기회가 있었다. 그는 Python Module of the Week(http://pymotw.com/)라는 사이트를 만들었고 『The Python Standard Library By Example』(http://doughellmann.com/pages/python-standard-library-by-example.html)이라는 굉장한 책의 지은이면서 파이썬 코어 개발자이기도 하다. 파이썬 표준 라이브러리와 애플리케이션 설계에 대해 몇 가지 질문을 하였다.

파이썬 애플리케이션을 처음부터 짤 때 가장 먼저 무엇을 하는가? 기존 애플리케이션을 뜯어고치는 것과 어떻게 다른가?

큰 시각에서 보면 비슷하지만 자세히 보면 차이점이 있다. 하지만 애플리케이션과 라이브러리 개발의 차이가 새 프로젝트와 기존 프로젝트의 차이보다 큰 것 같다.

다른 사람이 작성한 코드를 바꾸길 원하면 그것이 어떻게 동작하고 내가 수정할 코드가 어디에 들어가야 하는지 알아보는 것부터 시작한다. 로깅이나 print 문을 넣기도 하고 pdb를 쓰거나 테스트 데이터를 이용해서 실행하는 등의 작업을 통해 내가 하려는 것을 이해하려고 한다. 보통 코드를 수정하고 수동으로 테스트를 한 후 패치를 기여하기 전에 자동화된 테스트를 추가한다.

새 애플리케이션을 만들 때도 이와 흡사한 탐험적인 접근을 한다. 코드를 조금 짜고, 돌려 보고, 실제로 동작하는 기본적 기능들을 가지게 되면 다양한 예외 케이스들을 커버할 수 있게 테스트 코드를 추가한다. 테스트를 추가하는 과정에서 코드가 사용하기 쉽게 리팩터링되기도 한다.

   smiley(https://pypi.python.org/pypi/smiley) 모듈도 이런 식으로 만들었다. 정탐색(trace) API를 실험하는 것으로 시작했다. 실행 중인 다른 애플리케이션에서 데이터를 수집하고 측정하는 것과 네트워크를 통해 전송되는 데이터를 수집하고 저장하는 것이 smiley 프로젝트에 대한 내 비전이었다. 몇 가지 다른 리포팅 기능을 넣는 와중에 나는 응답을 위해 수집된 데이터를 처리하는 과정이 처음 수집을 위해 하는 과정과 거의 똑같다는 것을 알게 되었다. 그래서 리팩터링을 한 결과 데이터를 수집하고, 데이터베이스에 접근하고, 리포트 생성을 하는 것에 대한 베이스 클래스를 만들 수 있었다. 이 클래스들이 같은 API를 따르게 하여 결과를 네트워크로 보내는 대신 데이터베이스에 저장하는 버전을 쉽게 만들 수 있었다.

   애플리케이션을 설계할 때는 사용자 인터페이스에 대해 먼저 생각하지만 라이브러리를 만들 때는 개발자들이 API를 어떻게 사용할지에 집중한다. 테스트 코드를 먼저 짜면 새 라이브러리로 어떻게 프로그램을 만들지 생각하기 쉬워진다. 나는 보통 테스트가 될 여러 예제 프로그램을 먼저 짜고, 그 후에 동작하는 라이브러리를 만든다.

   라이브러리를 만들 때 코드를 짜기 전에 문서화를 먼저 하는 것도 전체적인 흐름과 모든 기능을 자세하게 구현하기 전에 생각할 수 있는 좋은 방법이다. 이 방식은 내가 설계 과정에서의 선택지들을 문서화할 수 있어서 문서를 읽는 사람이 단순히 라이브러리를 어떻게 쓸지를 배우는 것이 아니라 라이브러리에 대한 내 기대를 이해할 수 있다. stevedore(https://pypi.python.org/pypi/stevedore/)를 이러한 방식으로 만들었다.

   나는 stevedore가 애플리케이션의 플러그인을 관리하는 클래스를 제공하길 원했는데 설계 과정에서 내가 지금까지 봐왔던 플러그인을 이용하는 공통된 패턴들을 생각하고 이 클래스들이 어떻게 사용될지에 대한 간단한 문서를 몇 장 만들었다. 그러자 가장 복잡한 인자들을 클래스 생성자에 넣으면 map() 메서드들이 거의 상호 교환될 수 있음을 알 수 있었다. 이러한 설계 노트들은 stevedore 공식 문서에 직접 반영되어 애플리케이션에서 플러그인을 사용하는 여러 패턴과 가이드라인을 설명할 수 있었다.

한 모듈이 파이썬 표준 라이브러리에 포함되는 절차는 무엇인가?

전체 과정과 가이드라인은 「Python Developer's Guide」(https://docs.python.org/devguide/stdlibchanges.html)에 잘 설명되어 있다.

우선 그 모듈이 안정적이고 여러모로 유용함이 증명되어야 한다. 그리고 그 모듈이 옳은 방식으로 구현되기 어려운 것이거나 개발자들이 많은 변종을 만들어 낼 정도의 필요성이 있어야 한다. API는 분명해야 하고 구현은 표준 라이브러리 외의 다른 것에 의존하면 안 된다.

새 모듈을 제안하는 첫 번째 절차는 python-ideas 메일링 리스트를 통해 커뮤니티에 비공식적으로 반응을 알아보는 것이다. 반응이 긍정적이라면 모듈을 추가하려는 동기와 구현에서의 상태 변화 등을 자세히 설명한 PEP(Python Enhancement Proposal)를 제안한다.

pip과 PyPI(Python Package Index) 같은 패키지 관리 도구가 이미 아주 신뢰할 수 있는 수준이기 때문에 새 라이브러리를 표준 라이브러리 외부에서 유지하는 것도 실용적인 방안이다. 이렇게 릴리스를 분리하면 새 기능과 버그 수정을 포함한 업데이트를 빈번하게 할 수 있다. 새로운 기술이나 새 API를 다루는 라이브러리들은 이것이 더 중요할 것이다.

표준 라이브러리에서 사람들이 더 많이 알고 썼으면 하는 모듈 세 개만 알려준다면 무엇이 있을까?

최근에 애플리케이션에서 동적으로 불러오는 확장(extension) 기능에 대해 많은 일을 했는데 abc 모듈을 써서 베이스 클래스의 API를 정의하여 확장 모듈의 작성자가 어떤 API가 필수이고 어떤 것이 선택적인지 알게 할 수 있었다. 추상 베이스 클래스는 다른 객체 지향 프로그래밍 언어에선 기본적으로 제공되는데 파이썬 개발자들은 파이썬에도 있다는 사실을 잘 모르는 것 같다.

이진 탐색 알고리즘인 bisect 모듈 역시 널리 쓰이지만 잘못 구현되기 쉽기 때문에 표준 라이브러리가 되기에 딱 알맞은 예다. 특히 이 모듈은 검색 결괏값이 없을 수도 있는 밀도가 낮은 리스트에도 잘 동작한다.

collections 모듈에는 유용한 데이터 구조가 많은데 널리 쓰이는 것 같지 않다. 나는 작은 규모의 클래스와 비슷한 자료 구조를 만들 때 namedtuple을 선호한다. namedtuple은 속성 이름을 통해 접근하게 해주기 때문에 추후에 필요하면 일반 클래스로 바꾸는 것도 쉽다. 또 다른 흥미로운 데이터 구조는 ChainMap으로 이것은 스택 가능한 네임스페이스를 만들어 준다. ChainMap은 템플릿 렌더링을 위해 콘텍스트를 구현할 때나 우선순위가 다른 여러 소스에서 온 설정값들을 관리할 때 유용하다.

오픈스택을 비롯해 많은 프로젝트가 파이썬 표준 라이브러리 위에 자기들만의 추상화를 만든다. 예를 들어 오픈스택에 있는 날짜와 시간을 다루는 것과 같은 기능 말이다. 이에 대해 어떻게 생각하는가? 표준 라이브러리만을 사용하는 것이 좋을까? 자체 구현을 해도 될까? 다른 외부 라이브러리를 도입하는 것은 어떤가? 아니면 파이썬에 공식적인 패치를 보내야 하나?

그것들 모두 필요하다. 난 바퀴를 재발명하고 싶지 않기 때문에 표준에 대한 수정이나 개선을 기여하는 쪽으로 강하게 주장하는 편이다. 하지만 어떤 경우는 애플리케이션 내에서 또는 새로운 라이브러리를 만드는 식으로 코드를 분리하여 새로운 추상화를 만드는 것이 의미가 있을 수 있다.

오픈스택의 timeutils 모듈은 파이썬 datetime 모듈의 간단한 래퍼다. 이 모듈의 함수 대부분은 짧고 단순하지만 이를 통해 모든 오픈스택 프로젝트에서 날짜와 시간 처리에 대한 일관성을 유지할 수 있다. 하지만 이 함수들은 대부분 timestamp 포맷 스트링이나 'now'의 의미를 해석하는 것과 같이 대부분 우리 애플리케이션에 특화된 함수들이기 때문에 파이썬 라이브러리의 패치로서 좋은 후보가 되거나 다른 프로젝트에도 쓰이는 일반 라이브러리가 되기는 어려울 것 같다.

이와 반대의 경우로 나는 오픈스택 초기에 WSGI 프레임워크와 상관없이 쓰인 API 서비스들을 다른 외부 웹 프레임워크로 옮기는 일을 하고 있다. 파이썬에서 WSGI 애플리케이션을 만드는 여러 옵션이 있는데, 우리는 그중 하나를 오픈스택 API 서버와 잘 맞도록 개선하고 공헌할 것이다. 이렇게 재사용 가능한 변경들을 기여하는 것이 사적인 프레임워크를 유지 보수하는 것보다 좋다고 생각한다.

표준 라이브러리나 외부의 많은 모듈을 불러오고 사용할 때를 위한 조언이 있는가?

나는 엄격한 제한을 가지고 있진 않다. 다만 들여오기(import)가 너무 많으면 모듈에 대한 설계를 재고하고 패키지를 나누는 것을 생각해볼 것이다. 로우 레벨 모듈은 이 분리가 빨리 일어날 것이고 하이 레벨이나 애플리케이션 모듈이 이것들을 결합하게 될 것이다.

파이썬 3에서 개발자들이 관심을 가지고 지켜봐야 하거나 언급할 만한 모듈이 있는가?

파이썬 3의 외부 라이브러리 수는 임계량을 넘었다. 파이썬 3로 새 애플리케이션이나 라이브러리를 만드는 것이 전보다 더 쉬워졌으며 파이썬 3.3에 호환성 관련 기능들이 들어와서 파이썬 2.7 지원을 같이 유지하는 것도 쉬워졌다. 주요 리눅스 배포판들도 파이썬 3를 기본으로 제공하는 작업을 하고 있다. 지금 파이썬으로 프로젝트를 시작하는 데 아직 파이썬 3로 이식되지 않은 라이브러리가 꼭 필요한 상황이 아니라면 파이썬 3를 심각하게 고려해 보자. 이 시점에 파이썬 3를 지원하지 않는 라이브러리들은 거의 '유지 보수 안 됨'으로 분류될 수 있다.

많은 개발자들은 한 애플리케이션에 모든 코드를 작성하지만 때때로 코드 일부를 라이브러리로 나누는 것이 좋을 때도 있다. 설계와 앞으로의 계획, 마이그레이션적 측면에서 이런 일을 하는 최선의 방법은 무엇일까?

애플리케이션은 어떤 목적을 위해 라이브러리들을 묶는 '접착(glue) 코드'로 구성된다. 기능들을 라이브러리로 먼저 구현하고 애플리케이션은 이 코드를 논리적인 단위로 적절히 구조화하는 식으로 설계를 하면 테스트도 쉬워진다. 이것은 애플리케이션의 기능을 라이브러리를 통해 접근할 수 있다는 것을 의미하며, 다른 애플리케이션을 만드는 데 라이브러리가 혼합될 수도 있다. 이러한 접근이 실패하면 애플리케이션의 기능들이 사용자 인터페이스에 강하게 결합되어 있는 것이며 이는 수정과 재사용을 어렵게 할 것이다.

파이썬 라이브러리를 만들려는 사람들에게 해 줄 조언이 있다면?

항상 각 레이어를 단일 책임 원칙(Single Responsibility Principle)을 적용해서 하향식 방식으로 라이브러리와 API를 설계할 것을 추천한다. 사용자가 라이브러리를 통해 무엇을 할지 생각하고 그 기능을 제공하는 API를 만들어라. 인스턴스에 어떤 값이 저장되고 어떤 값이 메서드에 의해 사용될지, 매번 각 메서드에 어떤 값이 전달될지 생각해 보라. 마지막으로 구현에 대해 생각하고 내부 코드가 외부 API와 다르게 체계화되어야 할지 생각해 보라.

SQLAlchemy는 이러한 가이드라인을 적용한 훌륭한 예다. 선언적인 ORM, 데이터 매핑, 표현식을 만드는 레이어가 모두 분리되어 있다. SQLAlchemy의 사용자는 설계에 의한 제약 없이 각자의 필요에 맞는 추상화 레이어를 사용할 수 있다.

사람들의 파이썬 코드를 읽을 때 보게 되는 가장 흔한 잘못은 무엇인가?

루프와 이터레이션은 다른 언어에 비해 파이썬의 관용구가 많이 다른 부분이다. 흔히 보게 되는 안티 패턴의 예로 아이템들을 새 리스트에 넣어서 리스트를 필터링하기 위해 for 루프를 쓰고 그 결과를 두 번째 루프에서 쓰는 것이다. 대부분의 필터링을 위해 사용하는 루프는 제네레이터(generator) 표현식 같은 것으로 대체할 수 있으며 이것이 더 효율적이고 이해하기 쉽다. itertools.chain 같은 것을 쓰지 않고 리스트들의 콘텐츠를 합치려는 것도 흔히 볼 수 있다.

코드 리뷰를 할 때 다소 미묘하지만 다음의 것들도 권한다. if:then:else 코드 대신 dict()를 룩업 테이블로 쓰는 것, None 대신 빈 리스트를 돌려주는 것 같이 함수가 항상 같은 타입의 객체를 리턴하게 하는 것, 값들을 객체와 튜플 또는 새 클래스로 결합해서 함수의 인자를 줄이는 것, 공개 API에서 딕셔너리 대신 클래스를 정의해서 쓰는 것이다.

당신이 만들었거나 본 것 중에 잘못된 의존성을 선택한 예가 있는가?

최근 pyparsing(https://pypi.python.org/pypi/pyparsing)의 신규 릴리스가 파이썬 2 지원을 그만두어 내가 관리하던 라이브러리에서 약간 문제가 되었다. 메이저 업데이트인 pyparsing의 새 릴리스는 분명하게 변경을 명시하였으나 내가 cliff(https://pypi.python.org/pypi/cliff) 설정에서 의존하는 버전을 명시하지 않아 최신판 pyparsing이 cliff 사용자들한테 문제를 일으켰다. cliff의 의존 목록에 파이썬 2와 파이썬 3를 위해 다른 버전의 pyparsing을 쓰도록 하여 해결하였다. 이 문제는 의존성 관리 도구에 대한 이해와 지속적 통합 테스팅의 중요성을 잘 보여준다고 할 수 있다.

프레임워크에 대해선 어떻게 생각하나?

다른 도구와 같다. 도움이 되지만 신중히 골라야 하며 당장의 작업에 쓸모가 있어야 한다.

공통적인 부분을 프레임워크에 맡기면 더 많은 노력을 애플리케이션의 특성에 집중할 수 있으며 개발과 테스트 환경을 만드는 것 같이 프레임워크가 제공하는 많은 부트스트래핑 코드를 사용하여 애플리케이션을 빨리 쓸모 있는 상태로 만들 수 있다. 또한 애플리케이션 구현에 일관성을 제공하며 결과적으로 더 이해하기 쉽고 재사용 가능한 코드가 된다.

하지만 프레임워크의 잠재적인 위험도 있다. 어떤 프레임워크를 선택할지 고르는 것은 암묵적으로 애플리케이션 설계에 영향을 미친다. 프레임워크를 잘못 선택하여 프레임워크 제약 사항이 애플리케이션 요구 사항과 맞지 않으면 구현이 힘들어질 수 있다. 또한 프레임워크가 제안하는 관용구와 다른 패턴의 코드를 짜는 일 또한 노력이 많이 드는 일이다.

2.6 API 변경 관리

처음부터 완벽한 API를 만드는 것은 무척 어렵다. API는 기능을 추가하고, 삭제하고, 변경함으로써 발전해 나가는 것이다.

이제 외부 API 변경을 어떻게 관리할지 알아보자. 외부 API는 애플리케이션이나 라이브러리의 사용자들에게 노출되는 API를 말한다. 내부 API는 사용자들이 그것을 직접 사용할 일이 없기 때문에 원하는 만큼 고칠 수 있다.

이 두 종류의 API는 쉽게 구분할 수 있다. 파이썬의 관례에선 내부 API는 _를 접미사로 쓴다. foo는 외부고 _bar는 내부다.

갑자기 API를 바꾸는 것은 API를 유지하는 과정에서 최악의 일이다. 리누스 토발즈는 리눅스 커널의 외부 API가 깨지는 문제에 대해 절대 관용하지 않기로 유명하다(다른 것도 유명하지만). 얼마나 많은 사람이 리눅스에 의존하고 있는지 생각해 보면 그는 현명하게 일을 하는 것이다.

유닉스 플랫폼은 soname(http://en.wikipedia.org/wiki/Soname)과 세밀한 버전 식별자라는 복잡한 라이브러리 관리 시스템을 가지고 있지만 파이썬은 그러한 것이 없고 비슷한 규약도 없다. 오직 메인테이너가 올바른 버전 번호와 정책을 고르는 수밖에 없다. 하지만 애플리케이션이나 라이브러리 버전 관리를 위해 유닉스 시스템에서 영감을 얻을 수 있다. 버전 번호는 사용자들에게 영향을 줄 수 있는 API 변경을 분명히 나타내야 한다. 대부분 메이저 버전 번호로 그러한 변경을 나타내지만 지금 버전 번호가 적합하지 않다면 마이너 버전 번호를 바꿔서라도 할 수 있다.

어떤 방식을 정하든지 간에 가장 중요한 시작은 API를 변경할 때 변경에 대한 문서화를 확실하게 하는 것이다. 다음 정보를 꼭 포함해야 한다.

- 새 인터페이스에 대한 문서화
- 중단되는 인터페이스에 대한 문서화
- 새 인터페이스로 어떻게 이주할지에 대한 문서화

하지만 예전 인터페이스를 바로 없애선 안 된다. 가능한 한 이전 인터페이스를 오래 유지해야 한다. 새 사용자들은 중단되었다고 표시한 인터페이스를 쓰지 않을 것이지만 꼭 필요할 때에만 과거의 인터페이스를 제거해야 한다.

예 2.2 API 변경 문서화

```
class Car(object):
    def turn_left(self):
        """차를 좌회전한다.

        .. deprecated:: 1.1
```

```
                    방향을 지시하는 인자와 함께 :func:`turn` 함수를 사용할 것
                """
                self.turn(direction='left')
    def turn(self, direction):
        """차를 어떤 방향으로 회전한다.

        :param direction: 회전할 방향
        :type direction: str
        """
        # 실제 코드를 여기에 적는다.
        pass
```

변화를 강조하기 위해 스핑크스 마크업을 쓰면 좋다. 문서화를 할 때 이 함수가 더는 쓰이지 않으며 새 함수로 대체되었음을 알리고 어떻게 이전 코드를 바꿀 수 있는지 분명히 해야 한다. 그런데 이렇게 로그나 문서에 인터페이스 변경을 알리는 방법의 문제는 개발자들이 패키지 업그레이드를 할 때 이것을 꼭 읽어야 한다는 것이다.

파이썬은 이러한 문제를 위해 warnings라는 흥미로운 모듈을 제공한다. 이 모듈은 PendingDeprecationWarning, DeprecationWarning 같은 여러 종류의 경고를 코드에서 낼 수 있게 해준다. 중단되었거나 중단될 함수를 호출하면 이 경고를 발생시켜 개발자들에게 지금 과거 인터페이스를 쓰고 있고 코드를 바꾸어야 함을 인지시킬 수 있다.[6]

이전 예제를 실제 경고를 주는 방식으로 다음과 같이 바꿀 수 있다.

예 2.3 warnings 패키지를 써서 API 변경을 문서화

```
import warnings

class Car(object):
    def turn_left(self):
        """차를 좌회전한다.

        .. deprecated:: 1.1
            방향을 지시하는 인자와 함께 :func:`turn` 함수를 사용할 것
        """
        warnings.warn("turn_left is deprecated, use turn instead",
                      DeprecationWarning)
```

---

[6] C 언어에 경험이 있다면 이 기능이 __atribute__ ((deprecated)) GCC 확장의 간편한 파이썬 버전이라고 볼 수 있을 것이다.

```
            self.turn(direction='left')

    def turn(self, direction):
        """차를 어떤 방향으로 회전한다.

        :param direction: 회전할 방향
        :type direction: str
        """
        # 실제 코드를 여기에 적는다.
        pass
```

이제 turn_left 함수를 쓰는 어떤 코드든 경고가 발생한다.

```
>>> Car().turn_left()
__main__:8: DeprecationWarning: turn_left is deprecated, use turn
instead
```

 파이썬 2.7부터 기본으로 DeprecationWarning을 표시하지 않는다. 이것을 해제하기 위해서는 파이썬을 실행할 때 -W all 옵션을 사용하면 된다. python 맨(man) 페이지를 보면 -W 에 있는 많은 옵션을 볼 수 있다.

이처럼 코드에서 개발자들에게 그들이 쓰고 있는 어떤 기능이 언젠가 작동하지 않는다고 알려주면 자동화 작업도 용이하다. 테스트를 실행할 때 python 인터프리터를 -W error 옵션과 함께 실행하면 경고를 '예외'로 발생시키며 언젠가 중단될 함수를 호출하는 것이 에러가 되어 코드를 고쳐야 함을 정확히 알 수 있다.

예 2.4 python -W error로 실행

```
>>> import warnings
>>> warnings.warn("This is deprecated", DeprecationWarning)
Traceback (most recent call last):
  File "<stdin>", line 1, in <module>
DeprecationWarning: This is deprecated
```

2.7 크리스토프 드 비엔느 인터뷰

크리스토프 드 비엔느(Christophe de Vienne)는 파이썬 개발자이자 WSME(Web Services Made Easy, http://pythonhosted.org/WSME/) 개

발자다. 이 프레임워크는 사용자들이 아주 다양한 웹 서비스를 파이썬다운(Pythonic) 방법으로 구현하면서 여러 웹 프레임워크에 플러그인될 수 있게 해준다.

파이썬 API를 설계할 때 개발자들이 하는 실수는 무엇인가?

파이썬 API를 설계할 때 나는 다음과 같은 실수를 하지 않으려고 한다.

- 너무 복잡하게 만드는 실수. 말 그대로 "간단하게 (Keep It Simple)"다(어떤 사람은 "Keep It Simple Stupid"라고 부르지만 나는 'simple'과 'stupid'가 서로 잘 어울리지 않는다고 생각한다). 복잡한 API는 이해하기도 어렵고 문서화하기도 어렵다. 꼭 API 내부의 실제 기능들까지 단순하게 만들 필요는 없지만 그것도 좋은 방법이다. Request(http://www.python-requests.org/) 라이브러리는 단순함의 좋은 예다. 표준의 여러 urllib 관련 라이브러리들과 비교해서 Request 모듈의 API는 아주 단순하고 이해하기 쉽지만 내부적으로 복잡한 기능들을 수행한다. 반대로 urllib API는 실제로 수행하는 작업만큼 복잡하다.
- 눈에 보이는 마법. API가 문서에서 설명하지 않는 일을 하면 사용자들은 코드를 열어보고 실제로 어떻게 수행하는지를 이해해야 한다. 내부적으로 어떤 마법과 같은 작업이 일어나는 것은 괜찮지만, 사용자들이 자연스럽지 않은 것을 마주치지 않도록 해야 한다.
- 사용 케이스를 잊어버리기. 라이브러리 코드를 깊이 짜내려가다 보면 실제로 어떻게 사용될지 잊어버리기 쉽다. 항상 좋은 사용 케이스를 염두에 두면 API 설계가 쉬울 것이다.
- 단위 테스트를 만들지 않는 것. 테스트 주도 개발(TDD)은 특히 파이썬 라이브러리를 만들기에 아주 효과적이다. TDD를 통해 개발 초기부터 여러 버전의 호환성 관리를 할 때까지 라이브러리 개발자가 최종 사용자의 역할을 할 수 있다. 또한 라이브러리를 완전히 재개발할 수 있는 유일한 방법이다. 항상 필수는 아니더라도 단위 테스트를 가지는 것이 좋다.

WSME가 함께 동작하는 여러 프레임워크를 고려해 보면 어떤 종류의 API를 지원해야 했는가?

대부분 프레임워크는 많은 방향에서 비슷하기 때문에 실제로 많은 종류의 API가 필요하지 않았다. 대부분 외부에서 수행되는 메서드와 함수를 노출할 때 데코레이터(decorator)를 쓰고, WSGI 표준을 사용하기 때문에 요청(request)[7] 객체는 거의 비슷한 데다 서로 영감을 얻기 위해 상대의 소스를 다소 참조하였다. 그 때문에 WSME를 트위스티드 같은 비동기 웹 프레임워크에 연결하진 않았다.

내가 처리해야 했던 가장 큰 차이점은 콘텍스트와 관련된 것이었다. 웹 프레임워크에선 콘텍스트는 주로 요청(request)과 여기 추출하거나 더할 수 있는 정보(아이덴터티, 세션 정보, 커넥션 정보 등)와 전역 설정 그리고 커넥션 풀과 같은 전역적인 것이다. 대다수 웹 프레임워크는 멀티스레드 서버에서 수행됨을 가정하고 이 모든 정보를 스레드에 한정된 데이터 (Thread-Specific Data, TSD)로 취급한다. 그래서 현재 요청(request)을 가지고 오려면 단순하게 request 프락시 객체를 모듈에서 불러오고 그것을 사용할 수 있다. 이렇게 직관적으로 사용할 수 있지만 이는 암묵적으로 다소간의 매직 코드가 콘텍스트에 한정되지 않는 전역 객체를 만들고 있음을 뜻한다.

피라미드(Pyramid) 프레임워크에서는 이와 달리 작업하는 코드에 명시적으로 콘텍스트를 끼워넣는다. 이것이 피라미드의 뷰(view)가 WSGI 환경 정보를 감싸고 애플리케이션의 전역 콘텍스트에 접근할 수 있는 request 매개 변수를 가지는 이유다.[8]

그 방식의 장단점은 무엇인가?

피라미드가 사용하는 API 스타일은 하나의 프로그램이 서로 완전히 다른 환경에서 자연스럽게 실행되도록 하는 큰 장점이 있다. 단점은 약간 더 익히기 어렵다.

---

7 (옮긴이) 이 답변에서 계속 언급되는 요청은 HTTP 요청과 WSGI에서 이를 추상화한 객체를 뜻한다.
8 (옮긴이) 널리 사용되는 장고도 같은 방식이다.

파이썬의 어떤 측면이 라이브러리 설계를 쉽게 하거나 어렵게 하는가?

기본적으로 공개 영역과 비공개 영역을 정의할 수 없는 파이썬의 특성은 문제가 되기도 하고 장점이기도 하다.

개발자가 API 공개와 비공개 부분을 생각하지 않을 수 있기 때문에 문제가 되지만 약간의 규범과 문서화 그리고 zope.interface 같은 도구를 사용하면 큰 문제가 되지 않는다.

장점은 API를 쉽게 만들 수 있고 이전 버전과 호환성을 유지하면서 리팩터링하기 쉽다.

API의 진화와 중단 그리고 제거에 대한 우선 원칙은 무엇인가?

나는 다음 기준에 근거하여 결정을 내린다.

- 사용자들이 코드 변경에 적응하는 데 얼마나 어려운가?

  사용자들이 우리가 만든 API에 의존하고 있을 때 이 변화가 그들의 코드가 변화해야 하는 노력을 할 만한 가치가 있는 것인지 생각해 보라. 이 기준은 널리 사용되는 API가 호환되지 않는 방식으로 변화하는 것을 막아준다. 하지만 상대적으로 API 변화에 대응하여 코드를 수정하기 쉽다는 것은 파이썬의 장점 중 하나다.

- 수정을 하면 유지 보수가 쉬워지는가?

  구현을 쉽게 하고, 코드 베이스를 정리하고, API를 사용하게 쉽게 하고, 더 완벽한 단위 테스트를 만들고, API를 한눈에 이해하기 쉽게 하고…, 이런 작업들은 모두 메인테이너의 삶을 편하게 해준다.

- 수정 후에 API의 일관성이 좋아지는가?

  모든 API의 함수가 비슷한 패턴을 따른다면(예를 들어 첫 번째 위치에서 같은 매개 변수를 요구한다든지) 새 함수들 역시 같은 패턴을 따르는 것이 중요한다. 또한 한 번에 너무 많은 일을 하는 것은 아무것도 제대로 하지 않는 것이다. API가 목적하는 바에 집중하도록 하라.

- 이 수정 후 사용자들이 얻는 이득은 무엇인가?

  마지막으로 항상 사용자 입장에서 생각해 보자.

파이썬 API 문서화에 대해 해줄 조언이 있는가?

문서화는 새 사용자가 라이브러리에 쉽게 적응할 수 있게 해준다. 문서화를 도외시하면 많은 잠재 사용자를 잃는 것이다. 그런데 문서화는 어려운 일이기 때문에 항상 도외시된다.

일찍 문서화를 하고 문서를 지속 통합 빌드에 포함시켜라. 이제 우리에게 Read the Docs(https://readthedocs.org/) 사이트가 있고 최소한 오픈 소스 프로젝트에서 이 사이트에서 문서를 찾을 수 없다는 것은 용납되지 않는다.

API의 클래스와 함수를 문서화하기 위해 docstring을 사용하고 PEP 257(「Docstring Conventions」, http://legacy.python.org/dev/peps/pep-0257/)을 따라서 개발자들이 소스를 보지 않아도 API를 이해할 수 있게 하자. docstring에서 HTML 문서를 만들 수 있는데 이를 단지 API 레퍼런스에 한정하지 말고 좋은 정보를 제공하자.

항상 실용적인 예제를 넣어라. 최소한 하나의 '시작 가이드'를 넣어서 초심자들이 당장 돌아가는 프로그램을 쉽게 만들 수 있게 하자. 문서의 첫 번째 페이지에 API 기본과 사용 케이스에 대해 훑어볼 수 있게 하자.

API의 변화를 자세하게 버전마다 문서화하자. VCS 로그로는 충분치 않다.

문서에 대한 접근을 쉽게 하고 읽기 편하게 하자. 사용자는 문서에서 쉽게 원하는 정보를 찾을 수 있어야 한다. PyPI를 통해 문서를 발행하는 것도 좋고 Read the Docs에 올리는 것 역시 좋다.

마지막으로 효율적이면서 매력적인 테마를 선택하자. 나는 스핑크스의 'Cloud' 테마를 WSME에 사용하는데 다른 테마 역시 많이 있으니 웹 전문가가 되지 않고서도 좋은 디자인의 문서를 만들 수 있다.

3장

the Hacker's Guide to Python

문서화

문서화는 소프트웨어를 만드는 과정에서 매우 중요한 부분 중 하나다. 불행히도 여전히 많은 프로젝트에서 제대로 된 문서를 찾을 수 없다. 문서화는 복잡하고 벅찬 작업으로 여겨지지만 파이썬 개발자들이 쓸 수 있는 도구들이 있으니 꼭 그런 것만은 아니다. 문서화를 일찍 할수록 쉽게 할 수 있다.

문서화가 잘 되지 않는 가장 큰 원인은 사람들이 문서를 만드는 유일한 방법을 손으로 직접 쓰는 것만을 생각하기 때문이다. 여러 명이 작업하는 프로젝트에서도 한 명 이상은 문서와 코드 작업 사이를 왔다 갔다 해야 하는데 그들 중 어느 개발자에게 물어도 모두 소프트웨어를 만들기를 원하지, 소프트웨어에 대해 쓰는 것을 좋아한다고 하진 않을 것이다. 때때로 실제 코드를 전혀 작성하지 않은 사람이 문서를 만들기도 하는데, 이러면 문서화와 개발 작업이 완전히 동떨어지게 된다. 이런 방식으로 만들어진 문서의 품질은 예상대로 전혀 좋지 않다. 개발자나 전문 테크니컬 라이터 중 누가 작업하더라도 수동으로 문서화를 한다면 개발 작업과 문서화가 같은 속도로 진행되기란 불가능하다.

결국 코드와 문서화 사이의 틈이 커질수록 문서화 관리는 점점 어려워진다.

사실 문서와 코드를 나눌 필요는 없다. 문서화를 바로 코드에 하는 것이 불가능하지 않을 뿐 아니라 이렇게 작성한 문서를 HTML이나 PDF 파일로 만드는 것 또한 쉽다.

파이썬에서 사용하는 사실상의(de facto) 표준 문서화 포맷은 reStructuredText다. 줄여서 reST라고도 쓴다. reST는 널리 알려진 마크다운(Markdown)처럼 컴퓨터와 사람 모두에게 읽고 쓰기 쉬운 마크업 언어다. 이 포맷과 함께 가장 널리 쓰이는 문서화 도구인 스핑크스(http://sphinx-doc.org/)는 reST 포맷으로 작성된 콘텐츠를 읽어서 다양한 포맷의 결과 문서를 만들 수 있다.

문서화를 한다면 다음 내용을 포함하고 있어야 한다.

- 이 프로젝트가 해결하려는 문제에 대한 한두 문장 정도의 설명
- 이 프로젝트의 라이선스. 오픈 소스라면 각 코드 파일의 상단에 라이선스 정보를 명시해야 한다. 인터넷에 코드를 올렸다는 것만으로 무엇이 허용되는지 사람들이 다 아는 것은 아니다.
- 어떻게 동작하는지에 대한 간단한 예
- 설치 과정
- 지원을 해줄 수 있는 커뮤니티, 메일링 리스트, IRC, 포럼 등에 대한 링크
- 버그 추적 시스템에 대한 링크
- 개발자들이 다운로드해 사용할 수 있는 소스 코드에 대한 링크

무엇을 하는지에 대한 설명을 담은 README.rst 파일을 프로젝트 내에 꼭 포함하도록 하자. 깃허브나 PyPI는 reST 포맷을 인식하여 README를 프로젝트 페이지에 보여준다.

> 깃허브를 사용한다면 CONTRIBUTING.rst 파일을 프로젝트에 추가해 놓자. 누군가 풀 리퀘스트(pull request)를 만들려고 할 때 이 파일의 내용이 표시되므로 리퀘스트를 만들기 전에 점검하게 할 체크리스트(예를 들어 PEP 8을 따르라거나 단위 테스트를 실행하는 것을 잊지 말라거나) 같은 것을 작성할 수 있다.

Read The Docs 사이트는 자동으로 문서를 빌드하고 배포할 수 있게 해준다. 가입과 프로젝트 설정은 아주 직관적인데, 이 서비스는 프로젝트의 스핑크스 설정 파일을 찾아서 빌드를 하고 사용자들이 접근할 수 있게 해준다. 코드를 호스팅해 주는 사이트와 같이 쓰면 좋다.

3.1 스핑크스와 reST 시작하기

우선 sphinx-quickstart 명령어를 프로젝트 최상위 디렉터리에서 실행하자. 이 명령어는 스핑크스를 실행하는 데 반드시 필요한 doc/source 폴더의 conf.py 파일과, 문서의 첫 번째 페이지가 될 index.rst 파일을 생성할 것이다.

그런 다음 shpinx-build 명령어에 소스 디렉터리와 출력 디렉터리를 인자로 전달해 문서를 HTML 포맷으로 빌드할 수 있다.

```
$ sphinx-build doc/source doc/build
  import pkg_resources
Running Sphinx v1.2b1
loading pickled environment... done
No builder selected, using default: html
building [html]: targets for 1 source files that are out of date
updating environment: 0 added, 0 changed, 0 removed
looking for now-outdated files... none found
preparing documents... done
writing output... [100%] index
writing additional files... genindex search
copying static files... done
dumping search index... done
dumping object inventory... done
build succeeded.
```

이제 doc/build/index.html 파일을 브라우저로 열면 생성된 문서를 볼 수 있다.

 setuptools나 pbr(4.2를 보라)을 패키징에 사용한다면 스핑크스는 이 도구들을 확장해서 setup.py build_sphinx 명령어를 지원하고 sphinx-build를 자동으로 수행한다. 스핑크스의 pbr 통합 기능은 doc 서브 디렉터리에 문서화 결과물을 만드는 것과 같이 적절한 기본 설정이 되어 있다.

문서의 시작이 되는 index.rst는 reST를 지원하므로 문서를 여러 파일로 나누는 것 이상의 역할을 할 수 있다. 당장은 reST의 문법과 의미에 너무 신경 쓰지 말자. reST가 많은 포매팅을 제공하지만 추후에 레퍼런스를 살펴볼 기회가 있을 것이다. 전체 레퍼런스(http://docutils.sourceforge.net/docs/ref/rst/restructuredtext.html)는 제목과 목록, 표 등을 만드는 법을 설명한다.

3.2 스핑크스 모듈

스핑크스는 확장성이 뛰어나다. 기본적으로 수동 문서화를 할 수 있지만 같이 따라오는 유용한 모듈을 통해 자동 문서화와 여러 기능을 사용할 수 있다. 예를 들어 sphinx.ext.autodoc을 쓰면 reST로 작성된 docstring을 코드에서 추출해서 자동으로 .rst 파일을 만들 수 있다. sphinx-quickstart를 실행할 때 이 기능을 활성화할 것인지 물어본다. 또는 conf.py 파일을 수정해서 다음과 같이 확장 기능을 정의할 수 있다.

```
extensions = ['sphinx.ext.autodoc']
```

autodoc이 자동으로 모듈을 인식하진 않는다. 다음과 같이 .rst 파일에 문서화를 원하는 모듈을 명시해야 한다.

```
.. automodule:: foobar
   :members: ①
   :undoc-members: ②
   :show-inheritance: ③
```

① 문서화된 모든 멤버 포함(선택 기능)
② 문서화되지 않은 모든 멤버 포함(선택 기능)
③ 상속 관계를 보여줄지 여부(선택 기능)

또한 염두에 둘 것은 다음과 같다.

- 지시자를 포함하지 않으면 스핑크스는 아무런 결과물도 만들지 않는다.

- :members:만을 명시하면 문서화되지 않은 모듈·클래스·메서드는 그 하위 멤버들이 문서화되었더라도 무시된다. 예를 들어 클래스의 메서드들을 문서화했는데 클래스에는 docstring이 없다면 :members: 지시자는 그 메서드와 클래스 전체를 포함하지 않을 것이다. 이러한 일을 막기 위해 docstring을 클래스에도 작성을 하거나 :undoc-members: 옵션을 사용하자.
- 모듈은 파이썬이 불러올 수 있는 곳에 있어야 한다. sys.path에 .나 .. 또는 ../..를 넣어서 문제를 해결할 수도 있다.

autodoc을 쓰면 실제 소스 코드에서 대부분의 문서화를 할 수 있다. 원한다면 어떤 모듈이나 메서드가 문서화될지 정할 수도 있다. autodoc은 '모 아니면 도' 식의 도구가 아니다. 문서를 직접적으로 소스 코드와 함께 유지보수함으로써 문서가 최신 내용을 반영하고 있는지 쉽게 확인할 수 있다.

파이썬 라이브러리를 만들고 있다면 API 문서화를 위해 각 모듈에 대한 페이지 링크를 담은 목차를 만들고 싶을 것이다. sphinx.ext.autogen 모듈은 이러한 기능을 제공한다. 우선 conf.py를 통해 이 옵션을 활성화할 수 있다.

```
extensions = ['sphinx.ext.autodoc', 'sphinx.ext.autosummary']
```

이제 .rst 파일에 다음과 같은 내용을 추가하면 모듈에 대한 목차(TOC)가 자동으로 만들어진다.

```
.. autosummary::

   mymodule
   mymodule.submodule
```

이렇게 실행하면 앞서 설명한 autodoc 지시자 옵션을 가지고 있는 generated/mymodule.rst 파일과 generated/mymodule.submodule.rst 파일을 만든다. 이 옵션으로 API의 어느 부분이 문서화에 포함될지를 지정할 수 있다.

큰 프로젝트에선 모듈을 수동으로 넣는 게 지루한 작업일 수 있다. 이때 conf.py 파일은 말 그대로 그냥 파이썬 소스 코드이기 때문에 문서화가 될 모듈을 자동으로 포함하는 코드를 쓸 수 있다.

스핑크스의 유용한 또 하나의 기능은 문서 예제에 있는 doctest를 문서화 빌드 과정에 실행하는 기능이다. 표준 파이썬 모듈인 doctest는 문서에 있는 코드를 찾아서 코드가 실제로 원하는 기능을 수행하는지 테스트할 수 있다. 〉〉〉(프롬프트와 같다)로 시작하는 모든 문장을 코드 조각으로 인식하여 테스트할 수 있다.

```
To print something to the standard output, use the :py:func:`print`
  function.
   >>> print("foobar")
   foobar
```

API가 바뀌면 문서의 예제는 그 변화를 놓치기 쉬운데 doctest를 쓰면 이러한 문제가 발생하지 않게 할 수 있다. 문서가 단계별 튜토리얼을 포함하고 있다면 doctest는 개발 과정 전반에 걸쳐 튜토리얼이 제대로 업데이트 되고 있는지 확인할 수 있다. 또한 doctest를 '문서 주도 개발(Documen-tation-Driven Development, DDD)'로 사용할 수도 있다. 문서와 예제를 먼저 쓰고, 그 후 문서에 맞는 코드를 쓰는 것이다.

이 기능을 이용하기 위해 sphinx-build를 doctest 빌더와 함께 실행하면 된다.

```
$ sphinx-build -b doctest doc/source doc/build
Running Sphinx v1.2b1
loading pickled environment... done
building [doctest]: targets for 1 source files that are out of date
updating environment: 0 added, 0 changed, 0 removed
looking for now-outdated files... none found
running tests...

Document: index
---------------
1 items passed all tests:
   1 tests in default
1 tests in 1 items.
1 passed and 0 failed.
Test passed.
```

```
Doctest summary
===============
    1 test
    0 failures in tests
    0 failures in setup code
    0 failures in cleanup code
build succeeded.
```

스핑크스는 기본적으로 많은 기능을 제공하고 있고 확장 모듈을 통해 다음과 같은 작업도 할 수 있다.

- 프로젝트들 간의 링크
- HTML 테마
- 다이어그램과 수식 처리
- Textinfo와 EPUB 포맷으로 출력
- 외부 문서에 대한 링크

당장 이 기능들 전부가 필요하진 않겠지만 언젠가 필요할 수 있으니 이러한 기능을 제공하는 모듈이 있음을 알아두면 도움이 될 것이다.

3.3 스핑크스 확장

때때로 스핑크스나 확장 모듈이 제공하는 기능으로 충분하지 않을 수 있다. 예를 들어 파이썬 코드로 사용될 API를 문서화하는 것은 괜찮지만, HTTP REST API를 만든다면 어떤가? 스핑크스는 오직 API의 파이썬 코드만을 문서화할 것이고, 실제 REST API에 대한 문서화는 수동으로 해야 할 것이다.

WSME 개발자는 수동으로 문서를 관리하는 방법 대신 다른 아이디어를 생각했고, docstring과 파이썬 코드를 분석해서 실제 REST API 문서를 자동으로 만들어주는 sphinxcontrib-pecanwsme를 개발했다. 문서에 유용한 정보를 코드에서 추출하는 작업을 자동화할 수 있다면 우리 프로젝트에도 적용할 수 있다.

플래스크, 보틀(Bottle), 토네이도 같은 파이썬 프레임워크를 위해 sphinxcontrib.httpdomain 모듈을 사용할 수 있다.

요점은 문서화를 하기 위해 코드에서 정보를 추출하는 것이 도움이 된다면 반드시 그렇게 해야 하고 그 작업을 자동화해야 한다는 것이다. 문서를 손수 유지 보수하는 것보다 이것이 훨씬 나으며 Read The Docs와 같은 자동 출판 도구를 사용할 때 더 큰 이득이 된다.

스핑크스 확장 모듈을 만들기 위해선 가급적 sphinxcontrib의 서브 모듈로 이름을 짓는 것이 좋다. 스핑크스를 위해 모듈에 setup(app) 함수를 정의하여야 한다. app 객체는 우리 코드와 스핑크스의 이벤트와 지시자들을 연결할 메서드를 가지고 있다. 전체 리스트는 스핑크스 확장 API(http://sphinx-doc.org/ext/appapi.html)에서 볼 수 있다.

예를 들어 sphinxcontrib-pecanwsme는 setup(app) 함수를 이용하여 rest-controller라는 지시자 하나를 추가한다. 이 지시자는 문서를 만들기 위해 완전한 WSME 컨트롤러 클래스 이름을 필요로 한다.

예 3.1 sphinxcontrib.pecanwsme.rest.setup의 코드

```
def setup(app):
    app.add_directive('rest-controller', RESTControllerDirective)
```

RESTControllerDirective는 스핑크스 확장 API에 설명된 필수 메서드와 프로퍼티를 가지고 있는 지시자 클래스다. 메인 메서드 run()이 코드에서 문서를 추출하는 작업을 한다.

sphinx-contrib 저장소(https://bitbucket.org/birkenfeld/sphinx-contrib/src)에는 우리가 모듈을 만들 때 참고할 수 있는 다양한 모듈이 있다.

 스핑크스는 파이썬을 타깃으로 만들어졌지만 다른 언어를 지원하는 확장들도 있다. 프로젝트에서 여러 프로그래밍 언어를 사용하더라도 그 모두를 문서화하는 데 스핑크스를 사용할 수 있다.

4장

the Hacker's Guide to Python

배포

여러분은 지금까지 만든 소프트웨어를 언젠가 배포할 것이다. 그냥 코드를 압축해서 인터넷에 올리고 싶은 마음도 들겠지만 파이썬이 제공하는 도구를 이용하면 사용자들이 우리 코드를 문제없이 사용하게 할 수 있다. 파이썬 애플리케이션과 라이브러리를 설치하기 위해 이미 setup.py 사용에 익숙할 것인데, 아마 그 스크립트가 어떻게 동작하는지 알아보거나 setup.py 파일을 직접 만들어보진 않았을 것이다

4.1 파이썬 배포 도구의 역사

distutils는 1998년 이래로 파이썬 표준 라이브러리의 일부였는데, 개발자들의 설치 절차를 자동화하기 위해 쉬운 방법을 찾던 그렉 워드(Greg Ward)가 개발하였다.

예 4.1 distutils를 사용한 setup.py

```
#!/usr/bin/python
from distutils.core import setup

setup(name="rebuildd",
      description="Debian packages rebuild tool",
      author="Julien Danjou",
      author_email="acid@debian.org",
```

```
            url="http://julien.danjou.info/software/rebuildd.html",
            packages=['rebuildd'])
```

이것이 전부다. 사용자가 빌드나 설치를 위해 할 일은 setup.py를 적절한 명령어와 함께 실행하는 것뿐이다. 배포 버전이 파이썬뿐 아니라 C 모듈을 사용하더라도 자동으로 잘 처리됐다.

그런데 distutils 개발은 2000년에 중단되었다. 그 후 다른 개발자들이 distutils를 이어받아 기능을 붙이기 시작했다. setuptools는 이것들 중 주목할 만한 후계자였다. 이 라이브러리는 자주 업데이트되었고 자동화된 의존성 처리, 에그(Egg) 배포 포맷, 그리고 easy_install 명령어 같은 진보된 기능들을 제공하였으며 여전히 distutils가 파이썬 표준 라이브러리에 속하는 명목상의 정식 패키지 소프트웨어였기 때문에 setuptools는 distutils와 하위 호환성을 유지하였다.

예 4.2 setuptools를 사용한 setup.py

```python
#!/usr/bin/env python
import setuptools

setuptools.setup(
    name="pymunincli",
    version="0.2",
    author="Julien Danjou",
    author_email="julien@danjou.info",
    description="munin client library",
    license="GPL",
    url="http://julien.danjou.info/software/pymunincli/",
    packages=['munin'],
    classifiers=[
        "Development Status :: 2 - Pre-Alpha",
        "Intended Audience :: Developers",
        "Intended Audience :: Information Technology",
        "License :: OSI Approved :: GNU General Public License (GPL)",
        "Operating System :: OS Independent",
        "Programming Language :: Python"
    ],
)
```

그러다가 setuptools 개발이 느려졌고 사람들은 setuptools를 예전 distutils처럼 죽은 프로젝트로 생각하기 시작했다. 얼마 지나지 않아 또 다른 개발자 그룹이 setuptools를 포크(fork)하여 setuptools보다 장점이 많고 버그가 적으며 파이썬 3를 지원하는 새 라이브러리, distribute를 만들었다. 좋은 이야기에는 항상 비틀어진 결말이 있는데 이 역시 다르지 않았다. 2013년 3월, setuptools 팀과 distribute 팀은 원래의 setuptools라는 이름으로 두 프로젝트의 코드 베이스를 통합하기로 결정하였다. 그래서 distribute는 중단되었고 setuptools는 다시 한 번 고급 파이썬 설치 도구의 적자가 되었다.

그런데 이러한 일이 일어나는 동안 노골적으로 파이썬 표준 라이브러리에서 distutils를 대체하려는 distutils2 프로젝트가 개발되었다. 가장 주목할 만한 차이는 distutils나 setuptools와 달리 패키지 메타 정보를 setup.cfg라는 일반 텍스트에 저장하여 개발자들이 쓰기 쉽고, 다른 외부 도구들이 읽기 편하게 한 것이다. 그러나 단순한 명령어 기반 설계나 엔트리 포인트에 대한 미지원, 윈도에서 네이티브 스크립트를 실행하지 못하는 등의 distutils의 결함들 역시 계승하였다. 이 기능들은 setuptools에선 제공하는 것들이다. 이러저러한 이유들로 distutils2를 파이썬 3.3 표준 라이브러리에 'packaging'이라는 이름으로 포함시키려는 계획은 실패하였으며 프로젝트는 2012년에 중단되었다.

한편 packaging의 장점들과 패키징과 관련된 PEP에서 설명한 기본 기능들을 가지고 있는 distlib 라이브러리가 distutils의 대체자로 파이썬 3.4의 표준 라이브러리에 포함되기 위해 노력하고 있다.

정리하자면 다음과 같다.

- distutils는 파이썬 표준 라이브러리이며 간단한 패키지 설치를 처리할 수 있다.
- setuptools는 진보된 패키징의 사실상 표준이다. 한때 중단되었지만 지금 다시 활발히 개발되고 있다.
- distribute는 0.7 버전에서 setuptools로 병합되었다.
- distutils2(packaging이라고도 부른다)는 중단되었다.
- distlib은 어쩌면 나중에 distutils를 대체할 수도 있다.

다른 패키징 라이브러리들도 있지만 이 다섯 가지가 아마 실전에서 보게 될 전부일 것이다. 인터넷에서 이것들에 대한 정보를 찾을 때는 앞에서 설명한 복잡한 역사적인 이유 때문에 지금은 유효하지 않은 정보가 많이 있으니 유의하자. 최소한 공식 문서(http://pythonhosted.org/setuptools/)만큼은 유효하다.

　더 간단히 요약하면 다음과 같다. setuptools는 현재의 배포 라이브러리이지만 미래엔 distlib이 사용될 수도 있으니 주목하자.

4.2 pbr을 이용한 패키징

지금까지 배포에 사용하는 여러 도구로 머리를 복잡하게 했으니 이제 pbr이라는 또 다른 옵션을 알아보자.

　아마 지금까지 패키지를 만들면 setup.py를 다른 프로젝트에서 복사해 오거나 문서를 훑어보면서 만들었을 것이다. 그런데 이는 다소 애매한 작업이다. 앞에서 봤듯이 어떤 도구를 사용할지 정하는 것부터 난관이다. 앞으로 setup.py를 작성하는 시간을 아끼기 위해 쓸 수 있는 pbr에 대해 알아보자.

　pbr은 '합당한 파이썬 빌드(Python Build Reasonableness)'의 약자다. 이 프로젝트는 오픈스택 내부에서 설치와 패키지 배포를 쉽게 하는 여러 도구의 모음으로 시작하였는데 distutils2에서 영감을 받아 setup.cfg 파일을 패키지 작성자가 작성할 수 있게 하였다.

　다음은 pbr을 사용해 setup.py를 만든 것이다.

```
import setuptools

setuptools.setup(setup_requires=['pbr'], pbr=True)
```

이 두 줄이 다다. 셋업이 필요로 하는 다른 메타 정보들은 setup.cfg에 들어 있다.

```
[metadata]
name = foobar
author = Dave Null
author-email = foobar@example.org
```

```
summary = Package doing nifty stuff
license = MIT
description-file =
    README.rst
home-page = http://pypi.python.org/pypi/foobar
requires-python = >=2.6
classifier =
    Development Status :: 4 - Beta
    Environment :: Console
    Intended Audience :: Developers
    Intended Audience :: Information Technology
    License :: OSI Approved :: Apache Software License
    Operating System :: OS Independent
    Programming Language :: Python

[files]
packages =
    foobar
```

친숙하지 않은가? distutils2의 특징을 가지고 온 것이다.

  pbr은 또한 다음과 같은 기능들을 제공한다.

- requirements.txt에 기반을 둔 라이브러리 자동 설치
- 스핑크스를 이용한 자동 문서화
- 깃 히스토리를 사용하여 AUTHORS와 ChangeLogs 파일 생성
- 깃에 필요한 파일을 자동 생성
- 깃 태그에 기반을 둔 버전 관리

이 모든 기능을 적은 노력으로 할 수 있다. pbr은 아주 활발히 개발 중이며 유지 보수 중이니 배포를 해야 한다면 pbr도 충분히 고려해 보기를 바란다.

4.3 휠 포맷

파이썬 세계에서 패키지 배포에 사용되는 공식적인 표준 파일 포맷은 없다. 여러 배포 도구들이 공통적으로 몇 가지 포맷(setuptools가 소개한 에그는 zip 압축 파일에서 확장자만 바꾼 것이다)을 사용하지만 메타 데이터나 패키지 구조는 제각각이다. 이 문제는 PEP 376(http://www.python.

org/dev/peps/pep-0376/)이 기존 포맷과 호환되지 않는 공통 설치 표준을 정의하면서 더 복잡해졌다.

이러한 문제를 해결하기 위해 PEP 427(http://legacy.python.org/dev/peps/pep-0427/)은 휠(Wheel)이라는 이름의 표준 파이썬 배포 포맷을 정의하였다. 이 포맷을 구현한 표준 패키지는 wheel이다.

pip은 버전 1.4부터 휠을 지원하였다. setuptools를 사용하고 wheel 패키지가 설치되었다면 자동으로 다음 명령어를 통해 사용할 수 있다.

```
python setup.py bdist_wheel
```

이 명령은 .whl 파일을 dist 디렉터리에 만든다. 에그 포맷과 동일하게 휠은 zip 압축의 확장자를 바꾼 것이다. 하지만 휠 압축은 설치 없이 사용할 수 있다. 모듈 이름 다음에 슬래시와 wheel을 붙이는 것으로 코드를 바로 불러오고 실행할 수 있다.

```
$ python wheel-0.21.0-py2.py3-none-any.whl/wheel -h
usage: wheel [-h]

             {keygen,sign,unsign,verify,unpack,install,install-
                scripts,convert,help}
             ...

positional arguments:
[...]
```

놀랄지도 모르겠지만 이 기능은 휠 포맷에 의해 지원되는 것이 아니다. 파이썬은 자바의 .jar처럼 zip 파일을 실행할 수 있다.

```
python foobar.zip
```

이 명령은 다음과 같다.

```
PYTHONPATH=foobar.zip python -m __main__
```

즉 실행을 위해 __main__.py에서 __main__ 모듈을 자동으로 불러온다. 다른 파일에서 __main__ 모듈을 불러오고 싶으면 슬래시 이후에 파일명을 써주면 된다.

```
python foobar.zip/mymod
```

이것은 다음과 동일하다.

```
PYTHONPATH=foobar.zip python -m mymod.__main__
```

휠의 네이밍 규약은 배포가 특별한 하드웨어 아키텍처나 특정한 파이썬 구현(CPython이나 PyPy, Jython 등)을 위한 것인지 명시할 수 있게 해주며 이것은 C로 작성된 모듈을 배포할 때 특별히 도움이 된다.

4.4 패키지 설치

setuptools는 패키지 설치를 도와주는 명령어, easy_install을 처음 소개하였다. easy_install을 써서 한 번의 명령으로 에그 포맷의 파이썬 모듈을 설치할 수 있었다. 불행히도 easy_install은 초기부터 시스템 관리자들의 모범 관습(best practice)을 무시하는 등 의문스러운 행동과 설치 제거 기능 부족으로 평판이 나빴다.

더 나은 기능을 제공하는 pip은 지속적으로 개발되고 유지 보수되어 왔으며 파이썬 3.4에 포함될 것이다.[1] pip은 PyPI나 타볼(tarball) 또는 휠 압축 포맷(4.3을 보라)으로 패키지를 설치하거나 제거할 수 있다.

사용은 아주 쉽다.

```
$ pip install --user voluptuous
Downloading/unpacking voluptuous
  Downloading voluptuous-0.8.3.tar.gz
  Storing download in cache at ./.cache/pip/https%3A%2F%2Fpypi.
    python.org%2Fpackages%2Fsource%2Fv%2Fvoluptuous%2Fvoluptuous
    -0.8.3.tar.gz
  Running setup.py egg_info for package voluptuous
    WARNING: Could not locate pandoc, using Markdown long_description.

Requirement already satisfied (use --upgrade to upgrade): distribute
    in /usr/lib/python2.7/dist-packages (from voluptuous)
Installing collected packages: voluptuous
  Running setup.py install for voluptuous
```

---

[1] PEP 453(http://legacy.python.org/dev/peps/pep-0453/)과 ensurepip 모듈을 보라.

```
        WARNING: Could not locate pandoc, using Markdown long_description.
Successfully installed voluptuous
Cleaning up...
```

--user 옵션을 사용하면 pip이 사용자 홈 디렉터리에 패키지를 설치하도록 할 수 있다. 이 기능으로 패키지를 시스템 레벨에 설치하여 운영체제를 불안정하게 만드는 것을 피할 수 있다.

 pip을 사용해 같은 패키지를 여러 번 설치한다면 매번 패키지를 다운로드하는 대신 로컬 캐시를 만들 수 있다. PIP_DOWNLOAD_CACHE 환경 변수에 원하는 디렉터리를 명시하면 pip은 그곳에 다운받은 타볼들을 저장하고 다음에 다운로드하기 전에 그것을 체크한다. 6.7에서 살펴볼 tox가 가상 환경을 위해 다운로드할 때 유용하다. ~/.pip/pip.conf에 download-cahce 옵션을 설정할 수도 있다.

현재 설치된 패키지를 pip freeze 명령을 사용해서 나열할 수 있다.

```
$ pip freeze
Babel==1.3
Jinja2==2.7.1
commando=0.3.4
...
```

pip의 인기가 높아지면서 다른 설치 도구들은 중단되고 있으니 패키지 관리를 pip에 의존해도 문제가 없다.

4.5 공유하기

적절하게 setup.py를 만든 후엔 sdist 명령어를 쓰면 배포할 수 있는 타볼을 쉽게 만들 수 있다.

예 4.3 setup.py sdist 사용

```
$ python setup.py sdist
running sdist
[pbr] Writing ChangeLog
[pbr] Generating AUTHORS
running egg_info
writing requirements to ceilometer.egg-info/requires.txt
```

```
writing ceilometer.egg-info/PKG-INFO
writing top-level names to ceilometer.egg-info/top_level.txt
writing dependency_links to ceilometer.egg-info/dependency_links.txt
writing entry points to ceilometer.egg-info/entry_points.txt
[pbr] Processing SOURCES.txt
[pbr] In git context, generating filelist from git
warning: no previously-included files matching '*.pyc' found anywhere
    in distribution
writing manifest file 'ceilometer.egg-info/SOURCES.txt'
running check
copying setup.cfg -> ceilometer-2014.1.a6.g772e1a7
Writing ceilometer-2014.1.a6.g772e1a7/setup.cfg

[...]

Creating tar archive
removing 'ceilometer-2014.1.a6.g772e1a7' (and everything under it)
```

이 명령어는 dist 디렉터리에 설치될 수 있는 패키지를 타볼 파일로 만들 것이다. 4.3에서 봤듯이 bdist_wheel 명령어를 쓰면 휠 포맷을 만들 수 있다.

사용자들이 편하게 패키지를 설치할 수 있게 하는 마지막 단계는 pip을 통해 설치할 수 있게 해주는 것이다. 이를 위해 프로젝트를 PyPI(https://pypi.python.org/)에 배포해야 한다.

처음 해 보는 거라면 실수를 할 가능성이 있으니 배포 작업을 실제 서버보다 샌드박스 환경에서 해 보는 것이 좋을 것이다. PyPI 스테이징 서버(https://testpypi.python.org/pypi)는 이런 목적을 위해 있다. PyPI의 모든 것을 복제해서 가지고 있지만 테스트만을 위해 존재한다.

우선 프로젝트를 테스트 서버에 등록하자. ~/.pypirc 파일을 열어 다음 내용을 추가하자.

```
[distutils]
index-servers =
    testpypi

[testpypi]
username = <your username>
password = <your password>
repository = https://testpypi.python.org/pypi
```

그런 다음 프로젝트를 인덱스에 등록한다.

```
$ python setup.py register -r testpypi
running register
running egg_info
writing requirements to ceilometer.egg-info/requires.txt
writing ceilometer.egg-info/PKG-INFO
writing top-level names to ceilometer.egg-info/top_level.txt
writing dependency_links to ceilometer.egg-info/dependency_links.txt
writing entry points to ceilometer.egg-info/entry_points.txt
[pbr] Reusing existing SOURCES.txt
running check
Registering ceilometer to https://testpypi.python.org/pypi
Server response (200): OK
```

이제 배포할 타볼 파일을 업로드하면 된다.

```
% python setup.py sdist upload -r testpypi
running sdist
[pbr] Writing ChangeLog
[pbr] Generating AUTHORS
running egg_info
writing requirements to ceilometer.egg-info/requires.txt
writing ceilometer.egg-info/PKG-INFO
writing top-level names to ceilometer.egg-info/top_level.txt
writing dependency_links to ceilometer.egg-info/dependency_links.txt
writing entry points to ceilometer.egg-info/entry_points.txt
[pbr] Processing SOURCES.txt
[pbr] In git context, generating filelist from git
warning: no previously-included files matching '*.pyc' found anywhere
    in distribution
writing manifest file 'ceilometer.egg-info/SOURCES.txt'
running check
creating ceilometer-2014.1.a6.g772e1a7

[...]

copying setup.cfg -> ceilometer-2014.1.a6.g772e1a7
Writing ceilometer-2014.1.a6.g772e1a7/setup.cfg
Creating tar archive
removing 'ceilometer-2014.1.a6.g772e1a7' (and everything under it)
running upload
Submitting dist/ceilometer-2014.1.a6.g772e1a7.tar.gz to https://
    testpypi.python.org/pypi
Server response (200): OK
```

휠 포맷도 동일하다.

```
$ python setup.py bdist_wheel upload -r testpypi
running bdist_wheel
running build
```

```
running build_py
running egg_info
writing requirements to ceilometer.egg-info/requires.txt
writing ceilometer.egg-info/PKG-INFO
writing top-level names to ceilometer.egg-info/top_level.txt
writing dependency_links to ceilometer.egg-info/dependency_links.txt
writing entry points to ceilometer.egg-info/entry_points.txt
[pbr] Reusing existing SOURCES.txt
installing to build/bdist.linux-x86_64/wheel
running install
running install_lib
creating build/bdist.linux-x86_64/wheel

[...]

creating build/bdist.linux-x86_64/wheel/ceilometer-2014.1.a6.
    g772e1a7.dist-info/WHEEL
running upload
Submitting /home/jd/Source/ceilometer/dist/ceilometer-2014.1.a6.
    g772e1a7-py27-none-any.whl to https://testpypi.python.org/pypi
Server response (200): OK
```

이렇게 업로드하고 나면 PyPI 스테이징 서버에서 패키지를 찾을 수 있어야 하고 제대로 업로드되었는지 확인하여야 한다. pip에 -i 옵션을 사용하면 테스트 서버를 이용한 설치를 할 수 있다.

```
$ pip install -i https://testpypi.python.org/pypi ceilometer
```

모든 것이 정상이면 다음 단계로 넘어가자. 실제 PyPI 서버로 업로드하는 것이다. 실 서버를 위한 계정과 정보를 ~/.pypirc에 입력하자.

```
[distutils]
index-servers =
    pypi
    testpypi

[pypi]
username = <your username>
password = <your password>

[testpypi]
repository = https://testpypi.python.org/pypi
username = <your username>
password = <your password>
```

이제 register와 upload를 -r pypi와 함께 실행하면 패키지를 PyPI 서버에 업로드할 것이다.

4.6 닉 코글런 인터뷰

닉 코글런(Nick Coghlan)은 레드햇에서 일하는 파이썬 코어 개발자다. PEP 426(http://www.python.org/dev/peps/pep-0426/)를 포함한 다수의 PEP를 썼으며 BDFL[2] 위임자로 활동하고 있다.

파이썬에 패키지 도구가(distutils, setuptools, distutils2, distlib, bento, pbr 등) 이렇게 많은 것은 꽤 인상적이다. 당신 생각에 그러한 파편화와 분화의 (아마도 역사적인) 이유는 무엇인 것 같나?

간단한 답은 소프트웨어 배포와 통합은 그만큼 복잡한 문제라서 다양한 해법이 각자 다른 필요에 의해 존재한다고 볼 수 있다. 더 긴 답은 파이썬 패키징 사용자 가이드(https://python-packaging-user-guide.readthedocs.org/en/latest/future.html)에서 찾을 수 있다. 최근 발표에서 나는 다음과 같이 말한 적이 있다. 중요한 것은 시기이고 앞에 언급한 도구들은 소프트웨어 배포의 서로 다른 시기에 탄생했다는 것이다.

setuptools는 요즘 파이썬 배포에서 사실상 표준 역할을 하고 있다. 사용자들이 setuptools를 쓸 때 명심해야 할 것이 있을까?

setuptools는 충분히 합당한 도구다. 특히 프로젝트가 파이썬으로만 구성되었거나 아주 간단한 C 확장을 필요로 하면 그렇다. 또한 강력한 플러그인 기능이 있고 크로스 플랫폼 스크립트를 만드는 기능도 좋다.

단 pkg_resources의 멀티 버전 지원은 동작은 하지만 제대로 사용하기가 까다롭다. 동일한 환경에서 충돌하는 서로 다른 버전을 가지고 있을

---

[2] 부드러운 종신 독재자(Benevolent Dictator For Life)의 약자로 파이썬을 만든 귀도 반 로섬(Guido van Rossum)에게 주어진 칭호다.

큰 이유가 있지 않은 이상 그냥 virtualenv나 zc.buildout을 사용하는 게 좋다.

PEP 426은 파이썬 패키지를 위한 새 메타데이터 포맷을 정의하였지만 나온 지 아직 얼마 되지 않았고 널리 인정받지 않았다. 이것이 잘될 것이라고 보나? 이 PEP의 최초 동기는 무엇이었고 지금의 문제들을 어떻게 해결할 것이라고 생각하는가?

PEP 426은 처음엔 휠 포맷 정의의 일부분으로 시작하였다. 그러다 다니엘 홀스(Daniel Holth)가 휠이 현재 setuptools에 의해 정의된 메타데이터 포맷과 함께 동작할 수 있음을 알았다. 그래서 PEP 426은 기존 setuptools 메타데이터와 distutils2와 다른 패키지 시스템(RPM이나 npm 같은)에서 얻은 아이디어를 통합한 것이고 여러 다른 종류의 의존성을 분명하게 나눌 수 있게 하여 현재 도구들을 사용할 때 겪는 불편을 해결하려고 하였다.

PEP 426이 받아들여지면 어떤 도구들이 PEP가 제공하는 기능의 수혜를 볼 것이라 생각하는가?

REST API를 통해 PyPI의 전체 메타데이터에 대한 접근을 할 수 있을 것이다. 또한 업스트림 메타데이터에서 배포 가능한 패키지 정보를 생성할 수도 있을 것이다.

휠 포맷은 꽤 최근의 것이라 아직 널리 쓰이지 않지만 유망해 보인다. 휠이 표준 라이브러리에 포함되지 않은 이유가 있는가? 아니면 휠을 포함시킬 계획이 있는가?

패키징 표준을 위해 표준 라이브러리는 적합하지 않은 것 같다. 너무 느리게 진화하고 나중에 표준 라이브러리에 추가된 것들은 이전 버전의 파이썬에서 동작하지 않는다. 그래서 2014년 파이썬 서밋에서 우리는 PEP 프로세스를 손봐서 distutils-sig가 패키징과 관련된 PEP들의 승인을 관리할 수 있도록 하였다. python-dev는 CPython에 직접적인 연관이 있는 제안들(pip 부트스트래핑 같은 것)만을 관리할 것이다.

개발자들이 휠 패키지를 빌드하고 배포하기를 독려할 수 있는 당신의 계획은 무엇인가?

pip이 빠른 가상 환경을 만들기 위해 사용하는 로컬 캐시를 만드는 데에 그 포맷의 대체재로 휠을 받아들이고 있다. 그리고 PyPI는 휠 압축 업로드를 윈도와 맥 OS X에서 지원하고 있다. 리눅스에서는 여전히 몇 가지 작업을 하고 있다.

4.7 엔트리 포인트

아마 setuptools의 엔트리 포인트가 무엇인지 몰라도 써 본 적이 있을 것이다. 아직 setup.py를 만들기 위해 setuptools나 pbr을 쓰기로 하지 않았다면(4.2를 보라) 앞으로 소개할 몇 가지 기능이 결정에 도움을 줄 것이다.

setuptools를 이용해서 배포된 소프트웨어는 필수 의존성이나 이 주제에 좀 더 적합한 '엔트리 포인트' 목록 같은 중요한 메타데이터 정보를 가지고 있다. 이 엔트리 포인트는 다른 파이썬 프로그램이 패키지가 지원하는 기능들을 동적으로 파악하기 위해 사용된다.

이어지는 절에서 소프트웨어에 확장성을 추가하기 위해 엔트리 포인트를 사용하는 방법을 알아보자.

4.7.1 엔트리 포인트 시각화

지금 패키지에서 사용 가능한 엔트리 포인트를 시각화하는 가장 쉬운 방법은 entry_point_inspector를 사용하는 것이다.

이 패키지가 설치되면 생기는 epi 명령을 통해 설치된 패키지의 엔트리 포인트를 찾을 수 있다.

예 4.4 epi group list의 결과

```
+-------------------------+
| Name                    |
+-------------------------+
| console_scripts         |
| distutils.commands      |
| distutils.setup_keywords|
| egg_info.writers        |
| epi.commands            |
| flake8.extension        |
| setuptools.file_finders |
| setuptools.installation |
+-------------------------+
```

예 4.4는 엔트리 포인트를 제공하는 다양한 패키지가 있음을 보여준다. 4.7.2에서 다룰 console_scripts도 포함되어 있다.

예 4.5 epi group show console_scripts의 결과

```
+---------+----------+--------+--------------+-------+
| Name    | Module   | Member | Distribution | Error |
+---------+----------+--------+--------------+-------+
| coverage| coverage | main   | coverage 3.4 |       |
+---------+----------+--------+--------------+-------+
```

예 4.5는 coverage라는 이름의 엔트리 포인트가 coverage 모듈의 main 멤버를 참조함을 알려준다. 이 엔트리 포인트는 coverage 3.4 패키지에서 지원되며 epi ep show 명령어를 통해 더 많은 정보를 알 수 있다.

예 4.6 epi ep show consoel_script coverage의 결과

```
+--------------+--------------------------------+
| Field        | Value                          |
+--------------+--------------------------------+
| Module       | coverage                       |
| Member       | main                           |
| Distribution | coverage 3.4                   |
| Path         | /usr/lib/python2.7/dist-packages|
| Error        |                                |
+--------------+--------------------------------+
```

이 도구를 통해 어떤 파이썬 라이브러리나 프로그램에서도 엔트리 포인트를 찾을 수 있다. 엔트리 포인트는 콘솔 스크립트나 동적인 코드 발견 등의 다양한 것들에 유용하다. 이제 이것들을 알아보자.

4.7.2 콘솔 스크립트 사용

파이썬 애플리케이션을 만들 때, 대부분의 경우 최종 사용자가 실행할 수 있는 파이썬 스크립트를 제공해야 한다. 이 프로그램은 시스템 경로에 설치될 필요가 있다.

대다수 프로젝트는 다음과 같은 코드가 있다.

```
#!/usr/bin/python
import sys
import mysoftware
```

```
mysoftware.SomeClass(sys.argv).run()
```

이것은 사실 최상의 경우이고 많은 프로젝트는 훨씬 긴 스크립트를 가지고 있다. 하지만 이런 스크립트는 다음과 같은 문제가 있다.

- 파이썬 인터프리터가 어디에 위치하고 어떤 버전이 사용될지 알 수 없다.
- 스크립트는 불러올 수 없고 단위 테스트가 불가능한 바이너리 코드다.
- 어디에 스크립트를 설치할지에 대한 정의가 없다.
- 스크립트를 이식 가능하게(예: 유닉스와 윈도) 설치하는 방법도 명확하지 않다.

setuptools에 이러한 문제를 피할 수 있게 해주는 console_script 기능이 있다. console_script는 우리 모듈의 특정 함수를 호출하는 방식으로 setuptools가 시스템 경로에 아주 작은 프로그램만을 설치할 수 있게 해주는 엔트리 포인트다.

foobar 프로그램이 클라이언트와 서버로 구성되어 있다고 생각해 보자. 각 부분은 foobar.client와 foobar.server라는 모듈에 쓰였다.

foobar/client.py

```
def main():
    print("Client started")
```

foobar/server.py

```
def main():
    print("Server started")
```

물론 이 프로그램은 아무것도 하지 않는다. 심지어 클라이언트와 서버가 서로 통신하지도 않는다. 하지만 예제의 목적을 위해, 이들이 성공적으로 실행되었는지 알기 위해 메시지를 출력하는 것으로 충분하다.

이제 루트 디렉터리에 setup.py 파일을 만들자.

setup.py

```
from setuptools import setup
```

```
setup(
    name="foobar",
    version="1",
    description="Foo!",
    author="Julien Danjou",
    author_email="julien@danjou.info",
    packages=["foobar"],
    entry_points={
        "console_scripts": [
            "foobard = foobar.server:main",
            "foobar = foobar.client:main",
        ],
    },
)
```

우리는 package.subpackage:function 포맷으로 엔트리 포인트를 정의하였다. 이제 python setup.py install을 실행하면 setuptools는 다음과 같은 스크립트를 생성한다.

예 4.7 setuptools에 의해 만들어지는 스크립트

```
#!/usr/bin/python
# EASY-INSTALL-ENTRY-SCRIPT: 'foobar==1','console_scripts','foobar'
__requires__ = 'foobar==1'
import sys
from pkg_resources import load_entry_point

if __name__ == '__main__':
    sys.exit(
        load_entry_point('foobar==1', 'console_scripts', 'foobar')()
    )
```

이 코드는 foobar 패키지의 엔트리 포인트를 찾고 console_script 카테고리에서 foobar 키를 가지고 온 후 이에 해당하는 함수를 실행한다.

이 기법을 사용하면 외부에 설치되는 스크립트에 많은 코드를 쓰는 대신 코드를 우리 파이썬 패키지 내부에 두어 다른 프로그램이 불러오거나 테스트할 수 있게 유지할 수 있다.

> setuptools 위에 pbr을 사용한다면 생성되는 스크립트는 setuptools가 기본으로 제공하는 것보다 더 단순하고 빠르다. pbr 스크립트는 런타임에 동적으로 엔트리 포인트 목록을 찾을 필요 없이 함수를 바로 실행한다.

4.7.3 플러그인과 드라이버 사용

엔트리 포인트를 쓰면 쉽게 다른 패키지가 배포한 코드를 동적으로 찾고 불러올 수 있다. pkg_resources(https://pythonhosted.org/setuptools/pkg_resources.html)를 사용하여 우리 파이썬 프로그램에서 엔트리 포인트 파일을 찾고 로드할 수 있다(아마 이것이 예 4.7에서 setuptools가 생성한 콘솔 스크립트가 사용하는 것과 같은 패키지임을 알아챘을 것이다).

이 절에서 우리는 어떤 파이썬 프로그램이라도 명령어를 등록하여 몇 초마다 실행할 수 있는 크론 스타일의 데몬을 만들 것이다. 이 데몬은 엔트리 포인트를 pytimed라는 그룹에 등록한다. 이 엔트리 포인트가 가리키는 속성은 number_of_seconds와 callable을 돌려주는 객체여야 한다.

이 pycrond 구현은 엔트리 포인트를 찾기 위해 pkg_resources를 사용한다.

pytimed.py

```
import pkg_resources
import time

def main():
    seconds_passed = 0
    while True:
        for entry_point in pkg_resources.iter_entry_points('pytimed'):
            try:
                seconds, callable = entry_point.load()()
            except:
                # 실패 무시
                pass
            else:
                if seconds_passed % seconds == 0:
                    callable()
        time.sleep(1)
        seconds_passed += 1
```

아주 간단하지만 우리 예제로 충분하다. 이제 이 기능을 이용하여 주기적으로 호출될 다른 파이썬 프로그램을 짜면 된다.

hello.py

```
def print_hello():
    print("Hello, world!")
```

```
def say_hello():
    return 2, print_hello
```

이제 이 함수를 엔트리 포인트에 등록하자.

setup.py

```
from setuptools import setup
setup(
    name="hello",
    version="1",
    packages=["hello"],
    entry_points={
        "pytimed": [
            "hello = hello:say_hello",
        ],
    },)
```

이제 pytimed 스크립트를 실행하면 2초마다 "Hello World!"가 찍히는 것을 볼 수 있다.

예 4.8 pytimed 실행하기

```
% python3
Python 3.3.2+ (default, Aug 4 2013, 15:50:24)
[GCC 4.8.1] on linux
Type "help", "copyright", "credits" or "license" for more information.
>>> import pytimed
>>> pytimed.main()
Hello, world!
Hello, world!
Hello, world!
```

이 메커니즘은 큰 가능성을 제공한다. 이 메커니즘은 우리가 드라이버 시스템이나 훅(hook) 시스템 그리고 확장 기능을 쉽고 보편적인 방법으로 만드는 것을 가능하게 해준다. 이를 우리가 만드는 모든 프로그램에서 수동으로 구현하는 것은 성가신 일이지만 다행스럽게도 지루한 부분을 대신해주는 파이썬 라이브러리가 있다.

stevedore(https://pypi.python.org/pypi/stevedore)는 이전 예제에서 설명한 것과 완전히 동일한 메커니즘으로 동적인 플러그인을 지원한다. 앞의 예제는 간단했지만 stevedore를 써서 더 단순화할 수 있다.

pytimed_stevedore.py

```python
from stevedore.extension import ExtensionManager
import time

def main():
    seconds_passed = 0
    while True:
        for extension in ExtensionManager('pytimed', invoke_on_load=True):
            try:
                seconds, callable = extension.obj
            except:
                # 실패 무시
                pass
            else:
                if seconds_passed % seconds == 0:
                    callable()
        time.sleep(1)
        seconds_passed += 1
```

이 예는 아주 단순하지만 stevedore 문서에서 확장을 이름에 기반을 두고 불러오거나 함수의 결과에 의해 불러오는 것 같이 다양한 상황에서 사용할 수 있는 ExtensionManager의 서브 클래스를 찾을 수 있다.

5장

the Hacker's Guide to Python

가상 환경

파이썬 애플리케이션을 만들면 언젠가는 우리가 만든 프로그램을 배치(deploy)하거나 써 보고 테스트를 해야 한다. 그런데 외부 라이브러리로 인해 이 일이 꽤 고통스러울 때가 있다. 사용 중인 운영 체제에 배치가 실패하는 이유는 여러 가지인데 예를 들면 다음과 같다.

- 필요한 패키지가 이 시스템에 없다.
- 필요한 패키지의 정확한 버전이 이 시스템에 없다.
- 서로 다른 두 애플리케이션을 위해 서로 다른 버전의 라이브러리가 필요하다.

이런 상황은 애플리케이션을 배치할 때나, 배치 후 실행 중일 때 발생할 수 있다. 설치된 파이썬 라이브러리를 시스템 매니저를 통해 업그레이드하면 아무런 경고 없이 실행 중인 애플리케이션이 고장 날 수도 있다.

이 문제에 대한 해결책은 각 애플리케이션마다 라이브러리 디렉터리를 두고 그곳에 애플리케이션이 의존하는 라이브러리를 설치하는 것이다. 파이썬이 모듈을 불러올 때 운영 체제에 설치된 것 대신 이 디렉터리에 설치된 것을 우선 사용하게 하는 것이다.

virtualenv 도구는 이러한 라이브러리 디렉터리를 자동으로 관리해준다. virtualenv를 설치하고 나서 원하는 디렉터리를 인자로 실행하기만 하면 된다.

```
$ virtualenv myvenv
Using base prefix '/usr'
New python executable in myvenv/bin/python3
Also creating executable in myvenv/bin/python
Installing Setuptools......................done.
Installing Pip............................done.
```

명령을 실행하면 virtualenv는 lib/pythonX.Y 디렉터리를 만들고 추후 다른 패키지 설치에 필요한 setuptools와 pip을 설치한다.

이제 activate 명령어를 '소싱(sourcing)'해서 virtualenv를 활성화할 수 있다.

```
$ source myenv/bin/activate
```

활성화 후엔 셸 프롬프트에 가상 환경의 이름이 붙을 것이다. python을 호출하면 가상 환경으로 복사된 파이썬이 호출된다. sys.path 변수를 확인해봐도 이것을 알 수 있는데 설정한 가상 환경 디렉터리의 위치를 첫 번째로 가지고 있을 것이다.

원하면 어느 때나 deactivate를 호출하여 가상 환경을 떠날 수 있다.

```
$ deactivate
```

이게 전부다.

또한 꼭 activate를 해야만 하는 건 아니다. 한 번만 이 가상 환경에서 테스트하고 싶다면 다음과 같이 파이썬 바이너리를 실행하는 것 역시 작동한다.

```
$ myenv/bin/python
```

이제 가상 환경이 활성화되었지만 아직 사용 가능한 모듈이 없다. 이제 설치해야 한다. 설치를 위해 pip 명령어를 쓰는 게 전부다. 시스템에 아무것도 변경하지 않아도 알아서 올바른 위치에 설치가 될 것이다.

```
$ source myvenv/bin/activate
(myvenv) $ pip install six
Downloading/unpacking six
  Downloading six-1.4.1.tar.gz
```

```
Running setup.py egg_info for package six

Installing collected packages: six
  Running setup.py install for six

Successfully installed six
Cleaning up...
```

어떤가? 이제 이 가상 환경에서 시스템을 건드리지 않고 우리가 원하는 모든 라이브러리를 설치하고 우리 애플리케이션을 실행할 수 있다. 이제 가상 환경을 만들고, 의존하는 라이브러리 설치를 자동화하는 스크립트는 다음과 같이 쉽게 만들 수 있다.

예 5.1 가상 환경 생성 자동화

```
virtualenv myappvenv
source myappvenv/bin/activate
pip install -r requirements.txt
deactivate
```

어떤 상황에선 시스템에 설치된 패키지를 쓰는 것이 유용할 때도 있다. virtualenv 커맨드를 사용할 때 --system-site-packages 옵션을 사용하면 이것이 가능하다.

예상하다시피 가상 환경은 유닛 테스트 실행을 자동화하는 데 아주 유용하다. 이러한 용도로 가상 환경을 쓰는 것은 무척 흔한 일이기 때문에 이를 위한 tox라는 도구도 존재한다(6.7에서 다룰 것이다).

최근에 PEP 405(http://legacy.python.org/dev/peps/pep-0405/)에서 정의한 가상 환경 메커니즘이 파이썬 3.3에서 받아들여지고 구현되었다. 실제로 가상 환경 사용은 아주 보편화되어서 이제 파이썬 표준 라이브러리의 일부가 되었다.

venv 모듈은 파이썬 3.3 이후부터 표준 라이브러리에 있으며 가상 환경을 virtualenv 패키지 없이 사용할 수 있게 해준다. 파이썬에서 모듈을 불러오는 -m 옵션과 함께 실행하면 된다.

```
$ python3.3 -m venv
usage: venv [-h] [--system-site-packages] [--symlinks] [--clear] [--
    upgrade]
```

```
              ENV_DIR [ENV_DIR ...]
venv: error: the following arguments are required: ENV_DIR
```

이를 이용해 가상 환경을 만드는 것은 아주 쉽다.

```
$ python3.3 -m venv myvenv
```

이게 전부다. myvenv에서는 pyvenv.cfg 파일이 이 환경에 대한 설정을 가지고 있는데 기본적으로 설정이 많지도 않다. include-system-package 옵션을 볼 수 있을 텐데 앞서 언급한 virtualenv의 --system-site-packages 와 같은 용도로 사용한다.

가상 환경을 활성화하는 방법은 이전과 동일하다.

```
$ source myvenv/bin/activate
(myvenv) $
```

역시 deactiate를 호출하면 가상 환경을 떠날 수 있다.

이 venv 모듈의 단점은 setuptools와 pip을 기본으로 설치하지 않는다는 것이다. virtualenv와 달리 우리가 이 도구들을 설치해야 한다.

예 5.2 venv 부트스트래핑

```
(myvenv) $ wget https://bitbucket.org/pypa/setuptools/raw/bootstrap/
    ez_setup.py -O - | python
-2013-09-02 22:26:07-- https://bitbucket.org/pypa/setuptools/raw/
    bootstrap/ez_setup.py
Resolving bitbucket.org (bitbucket.org)... 131.103.20.168,
131.103.20.167
Connecting to bitbucket.org (bitbucket.org)|131.103.20.168|:443...
    connected.
HTTP request sent, awaiting response... 200 OK
Length: 11835 (12K) [text/plain]
Saving to: 'STDOUT'

100%[=======================================>] 11,835  --.-K/s
    in 0s

2013-09-02 22:26:08 (184 MB/s) - written to stdout [11835/11835]

Downloading https://pypi.python.org/packages/source/s/setuptools/
    setuptools-1.1.tar.gz
Extracting in /tmp/tmp228fqm
Now working in /tmp/tmp228fqm/setuptools-1.1
```

```
Installing Setuptools
running install
running bdist_egg
running egg_info
writing dependency_links to setuptools.egg-i
[...]
Adding setuptools 1.1 to easy-install.pth file
Installing easy_install script to /home/jd/myvenv/bin
Installing easy_install-3.3 script to /home/jd/myvenv/bin

Installed /home/jd/myvenv/lib/python3.3/site-packages/setuptools
    -1.1-py3.3.egg
Processing dependencies for setuptools==1.1
Finished processing dependencies for setuptools==1.1
```

이제 easy_install을 통해 pip을 설치하면 된다.

```
(myvenv) $ easy_install pip
Searching for pip
Reading https://pypi.python.org/simple/pip/
Best match: pip 1.4.1
Downloading https://pypi.python.org/packages/source/p/pip/pip-1.4.1.
    tar.gz#md5=6afbb46aeb48abac658d4df742bff714
Processing pip-1.4.1.tar.gz
Writing /tmp/easy_install-hxo3b0/pip-1.4.1/setup.cfg
Running pip-1.4.1/setup.py -q bdist_egg --dist-dir /tmp/easy_install
    -hxo3b0/pip-1.4.1/egg-dist-tmp-efgi80
warning: no files found matching '*.html' under directory 'docs'
warning: no previously-included files matching '*.rst' found under
    directory 'docs/_build'
no previously-included directories found matching 'docs/_build/_
sources'
Adding pip 1.4.1 to easy-install.pth file
Installing pip script to /home/jd/myvenv/bin
Installing pip-3.3 script to /home/jd/myvenv/bin

Installed /home/jd/myvenv/lib/python3.3/site-packages/pip-1.4.1-
py3.3.egg
Processing dependencies for pip
Finished processing dependencies for pip
```

이제 pip을 이용해 원하는 패키지를 설치하면 된다.

파이썬 3.3이 venv를 기본으로 가지고 있지만 기본으로 이것들이 제공되지 않는 작은 단점은 인정해야 한다. virtualenv와 같이 작동하게끔 venv를 사용하여 환경 설정을 하는 스크립트를 만들기는 어렵지 않지만 파이썬 3.3과 그 이상에만 동작하는 애플리케이션을 만들지 않는 한 이러한 노력을 할 의미가 없어 보인다. 또 한편으로는 이 문제를 해결하기 위해 pip 부트스트래핑은 파이썬 3.4에 포함되었다.

어쨌든 다른 프로젝트처럼 파이썬 2와 3 모두를 타깃으로 한다면 venv만 의존하는 것은 좋은 선택은 아니다. 지금은 virtualenv를 계속 사용하는 것이 최선이다. 두 모듈 모두 같은 기능을 수행한다는 점에서 그리 문제 될 것은 없다.

6장

the Hacker's Guide to Python

단위 테스트

놀라운 소식! 이 글을 쓰는 2014년에도 여전히 테스트 정책이 없는 프로젝트를 수행하는 사람들이 있다. 물론 이 책의 목적은 단위 테스트를 하도록 설득하는 것이 아니다. 설득이 필요하다면 테스트 주도 개발의 장점에 대해 읽어 보기를 권한다. 테스트되지 않은 코드를 만드는 것은 동작 여부를 증명할 수 없으므로 본질적으로 무익하다고 볼 수 있다.

이 장에선 테스트를 잘 만들기 위해 사용할 수 있는 파이썬 도구들을 알아볼 것이다. 그리고 소프트웨어 품질을 끌어올리기 위해 이 도구들을 어떻게 쓸 수 있는지 알아보자.

6.1 기본

일반적인 믿음과 반대로 파이썬에서 단위 테스트를 만들고 실행하는 것은 아주 쉽다. 그리 거슬리거나 지장을 주는 일이 아니면서도 소프트웨어 유지 보수에 많은 도움을 줄 것이다.

테스트는 애플리케이션이나 라이브러리의 tests 서브모듈에 있어야 한다. 이렇게 하면 tests 모듈이 우리 모듈의 일부로 배포되어 소스 패키지를 꼭 사용할 필요 없이 사용자들이 테스트를 실행하거나 재사용할 수 있다. 또한 실수로 최상위 tests 모듈을 만드는 것을 방지할 수 있다.

테스트 소스 트리를 만들려면 원래 소스 구조를 모방하는 것이 쉽다. 예를 들어 mylib/foobar.py를 커버하는 테스트 코드는 mylib/tests/test_foobar.py에 두는 것이다. 이 방법을 쓰면 특정 파일과 관련된 테스트를 찾기도 쉽다.

예 6.1 아주 간단한 test_true.py

```
def test_true():
    assert True
```

아주 간단한 단위 테스트다. 이것을 실행하기 위해선 test_true.py 파일을 불러오고 test_true 함수를 실행하면 된다.

물론 우리의 모든 테스트 파일과 그 파일에 있는 함수들을 이런 방식으로 실행할 수는 없으므로 이를 도와주기 위해 nose(https://nose.readthedocs.org/en/latest/) 패키지가 있다. 설치하면 제공되는 nosetests 명령어는 test_로 시작하는 모든 파일을 불러오고 test_로 시작하는 모든 함수를 실행한다.

test_true.py 파일을 예로 들면, nosetests는 다음과 같이 실행할 수 있다.

```
$ nosetests -v
test_true.test_true ... ok

----------------------------------------------------------
Ran 1 test in 0.003s

OK
```

만약 실패한 테스트가 있으면 결과를 트레이스백(traceback)과 함께 표시해준다.

```
% nosetests -v
test_true.test_true ... ok
test_true.test_false ... FAIL

==========================================================
FAIL: test_true.test_false

Traceback (most recent call last):
```

```
    File "/usr/lib/python2.7/dist-packages/nose/case.py", line 197,
        in runTest
      self.test(*self.arg)
    File "/home/jd/test_true.py", line 5, in test_false
      assert False
AssertionError
----------------------------------------------------------
Ran 2 tests in 0.003s

FAILED (failures=1)
```

테스트는 AssertionError 예외가 발생하면 실패한다. assert 함수는 인자로 들어온 값이 거짓(False, None이나 0 등)이면 AssertionError 예외를 발생시킨다. 물론 다른 예외가 발생해도 테스트는 실패한다.

간단하지 않은가? 이처럼 단순하기 때문에 많은 프로젝트에서 문제없이 널리 사용된다. nose 외에 특별한 도구나 라이브러리가 필요하지도 않고 assert를 사용하는 것만으로 충분하다.

하지만 더 복잡한 테스트를 많이 만들게 되면 너무 단순한 assert에 지치게 될 것이다. 다음 테스트를 보자.

```
def test_key():
    a = ['a', 'b']
    b = ['b']
    assert a == b
```

nosetests를 실행하면 다음 결과가 나올 것이다.

```
$ nosetests -v
test_complicated.test_key ... FAIL

==========================================================
FAIL: test_complicated.test_key
Traceback (most recent call last):
  File "/usr/lib/python2.7/dist-packages/nose/case.py", line 197,
      in runTest
    self.test(*self.arg)
  File "/home/jd/test_complicated.py", line 4, in test_key
    assert a == b
AssertionError

----------------------------------------------------------
Ran 1 test in 0.001s
FAILED (failures=1)
```

물론 a와 b는 다르기 때문에 이 테스트는 통과하지 못한다. 그런데 이 두 값이 어떻게 다른가? assert는 이러한 정보를 전혀 주지 않고 그저 개발자의 단언(assertion)이 틀렸다고 할 뿐인데 이는 특별히 유용하지 않다.

또한 실행할 때 일부 테스트를 제외하고 싶거나 테스트 전후에 어떤 코드를 실행하는 것 역시 쉽지 않다.

이런 경우 파이썬 표준 라이브러리에 있는 unittest 패키지가 지금까지 말한 문제를 다 해결할 수 있다.

> unittest 모듈은 파이썬 2.7에서 많이 개선되었기 때문에 이전 버전 파이썬을 지원하려면 이 것이 백포팅된 unittest2 모듈을 쓰는 편이 좋을 것이다. 파이썬 2.6을 지원해야 한다면 다음 코드를 쓰자.
>
> ```
> try:
>     import unittest2 as unittest
> except ImportError:
>     import unittest
> ```

이전 예를 unittest 모듈을 사용하여 재작성하면 다음과 같다.

```
import unittest

class TestKey(unittest.TestCase):
    def test_key(self):
        a = ['a', 'b']
        b = ['b']
        self.assertEqual(a, b)
```

보다시피 구현이 특별히 많이 복잡하지 않다. 해야 할 것은 unittest.TestCase를 상속받고 실제 테스트를 위한 메서드를 만드는 게 전부다. assert 대신 unittest.TestCase가 균일성을 검증하기 위해 제공하는 assertEqual을 쓴다. 실행 결과는 다음과 같다.

```
$ nosetests -v
test_key (test_complicated.TestKey) ... FAIL

======================================================
FAIL: test_key (test_complicated.TestKey)
Traceback (most recent call last):
  File "/home/jd/Source/python-book/test_complicated.py", line 7,
```

```
        in test_key
    self.assertEqual(a, b)
AssertionError: Lists differ: ['a', 'b'] != ['b']
First differing element 0:
a
b

First list contains 1 additional elements.
First extra element 1:
b

- ['a', 'b']
+ ['b']

----------------------------------------------------------------------

Ran 1 test in 0.001s

FAILED (failures=1)
```

보다시피 실행 결과가 더 유용해졌다. 예외가 발생하고 테스트도 여전히 실패하지만 이제 왜 실패했는지 볼 수 있어서 문제를 고치기 쉽다. 그렇기 때문에 테스트 케이스를 만들 때 절대 assert를 사용하지 말자. 우리 코드를 실행하는 누구든 assert 대신 디버깅에 도움이 되는 정보를 주는 것에 감사할 것이다.

unittest는 테스트에 특화된 검증 함수들을 더 제공하며 다음과 같다. assertDictEqual, assertEqual, assertTrue, assertFalse, assertGreater, assertGreaterEqual, assertIn, assertIs, assertIsInstance, assertIsNone, assertIsNot, assertIsNotNone, assertItemsEqual, assertLess, assertLessEqual, assertListEqual, assertMultiLineEqual, assertNotAlmostEqual, assertNotEqual, assertTupleEqual, assertRaises, assertRaisesRegexp, assertRegexpMatches 등이 있다. pydoc unittest를 실행하여 한 번 훑어보면서 어떠한 함수들이 있는지 알아보는 것도 좋다.

의도적으로 fail(msg) 메서드를 사용하여 테스트를 실패하는 것도 가능하다. 이것은 코드가 실행될 경우 명백하게 에러를 발생해야 하지만 적절한 assert 검사가 불분명한 부분에 사용할 수 있다.

예 6.2 실패하는 테스트

```python
import unittest

class TestFail(unittest.TestCase):
    def test_range(self):
        for x in range(5):
            if x > 4:
                self.fail("Range returned a too big value: %d" % x)
```

때로는 실행될 수 없는 테스트를 건너뛰는 것이 좋다. 예를 들어 어떤 라이브러리가 있을 때 어떤 테스트를 조건적으로 실행하길 원할 때도 있다. 이를 위해선 unittest.SkipTest 예외를 발생시키면 된다. 이 예외가 발생하면 건너뛰는 것으로 간주된다. 또한 unittest.TestCase.skipTest 메서드와 unittest.skip 데코레이터 역시 예외를 발생시키는 것 대신 사용할 수 있다.

예 6.3 테스트 건너뛰기

```python
import unittest

try:
    import mylib
except ImportError:
    mylib = None

class TestSkipped(unittest.TestCase):
    @unittest.skip("Do not run this")
    def test_fail(self):
        self.fail("This should not be run")

    @unittest.skipIf(mylib is None, "mylib is not available")
    def test_mylib(self):
        self.assertEqual(mylib.foobar(), 42)

    def test_skip_at_runtime(self):
        if True:
            self.skipTest("Finally I don't want to run it")
```

실행되면 이 테스트는 다음과 같은 결과가 나온다.

```
$ python -m unittest -v test_skip
test_fail (test_skip.TestSkipped) ... skipped 'Do not run this'
test_mylib (test_skip.TestSkipped) ... skipped 'mylib is not available'
```

```
test_skip_at_runtime (test_skip.TestSkipped) ... skipped "Finally I
    don't want to run it"
----------------------------------------------------------------------
Ran 3 tests in 0.000s
OK (skipped=3)
```

예 6.3에서 보듯이 unittest 모듈은 테스트를 가지고 있는 파이썬 모듈을 실행할 수 있다. 자체적으로 테스트 파일을 찾지 못하므로 nosetests 모듈에 비해 단점이 있지만 특정 테스트 모듈 하나를 실행하길 원한다면 쓸모가 있다.

흔히 어떤 공통된 코드를 테스트 전후에 실행하는데 unittest 모듈은 이를 위해 setUp과 tearDown 메서드를 제공하며 클래스의 각 테스트 메서드가 실행되기 전과 후에 실행된다.

예 6.4 unittest와 setUp 사용

```python
import unittest

class TestMe(unittest.TestCase):
    def setUp(self):
        self.list = [1, 2, 3]

    def test_length(self):
        self.list.append(4)
        self.assertEqual(len(self.list), 4)

    def test_has_one(self):
        self.assertEqual(len(self.list), 3)
        self.assertIn(1, self.list)
```

이 경우에 setUp은 test_length와 test_has_one 테스트가 각각 실행되기 전에 호출된다. 각 테스트 중에 필요한 객체를 여기서 초기화하면 편리하며 특히 '픽스처'(6.2 참고)라는 테스트 환경을 구축하기에 유용하다.

nosetests를 사용하더라도 테스트를 하나만 실행하길 원할 때가 있다. 이때는 인자로 원하는 테스트를 전달할 수 있다. 문법은 다음과 같다. path.to.your.module:ClassOfYourTest.test_method다. 모듈 경로와 클래스 이름 사이에 콜론이 있음에 주의하자. 또한 특정 클래스를 실행하길 원하면 path.to.your.module:ClassOfYourTest를, 모듈을 테스트하려면 path.to.your.module을 전달하면 된다.

nosetests에 --processes=N 옵션을 사용하면 다수의 nosetests 프로세스를 생성하여 테스트 실행을 병렬화할 수 있다. 하지만 이를 위해선 testrepository가 더 좋은 대안인데 6.5에서 더 자세히 알아보자.

6.2 픽스처

단위 테스트에서 픽스처는 테스트 전에 구축되고 테스트 후에 지워져야 하는 데이터를 뜻한다. 보통 픽스처는 여기저기서 많이 재사용되기 때문에 위해 특별한 컴포넌트를 만드는 것이 좋다. 예를 들어 애플리케이션 설정을 나타내는 객체가 필요하면 테스트가 실행되기 전에 초기화하고 테스트를 수행하고 나면 원래 값으로 돌려놓길 원할 것이다. 테스트 전에 필요한 임시 파일을 만들고 테스트가 끝나면 삭제하는 경우도 있다.

이미 살펴봤듯이 unittest는 setUp과 tearDown 메서드를 제공하는데 이 사이를 후킹하는 방법도 있다. fixtures(https://pypi.python.org/pypi/fixtures) 파이썬 모듈은(표준 라이브러리에 포함되어 있진 않다) useFixture 메서드 같이 픽스처 클래스와 객체를 만드는 쉬운 방법을 제공한다.

fixtures 모듈은 fixtures.EnvironmentVariable 같은 기본적인 픽스처들을 제공한다. 이 픽스처는 os.environ에 값을 추가하거나 바꾸고 테스트가 끝나면 돌려놓는 등의 방식으로 사용할 수 있다.

예 6.5 fixtures.EnvironmentVariable 사용

```
import fixtures
import os

class TestEnviron(fixtures.TestWithFixtures):
    def test_environ(self):
        fixture = self.useFixture(
            fixtures.EnvironmentVariable("FOOBAR", "42"))
        self.assertEqual(os.environ.get("FOOBAR"), "42")

    def test_environ_no_fixture(self):
        self.assertEqual(os.environ.get("FOOBAR"), None)
```

이와 같은 공통적인 패턴을 찾았다면 여러 테스트 케이스에서 재사용할 수 있는 픽스처를 만드는 것도 좋다. 이것은 로직을 아주 단순화할 뿐 아니라 무엇을 어떻게 테스트하는지 정확하게 드러낼 수 있다.

 이 예에서 unittest.TestCase 클래스를 왜 안 쓰는지 궁금했다면 fixtures.TestWithFixtures 클래스가 이를 상속하고 있기 때문이다.

6.3 모방하기

모의(mock) 객체는 실제 애플리케이션 객체를 특정한 방식으로 흉내 내는 객체다. 테스트하려고 하는 코드가 필요로 하는 환경을 만드는 데 특히 유용하다.

HTTP 클라이언트를 만들고 있다면 HTTP 서버 프로세스를 만들고 가능한 한 모든 시나리오를 테스트하여 결괏값을 얻어내는 것은 불가능하거나 극도로 복잡할 것이다. 실패하는 시나리오를 테스트하는 것은 특히 더 어렵다.

특정 시나리오를 본뜬 모의 객체를 만들고 이것을 코드 테스트에 사용한다면 훨씬 더 간단할 것이다.

mock 모듈은 파이썬에서 모의 객체를 만드는 표준 라이브러리다. 파이썬 3.3에서 이 라이브러리는 unittest.mock으로 통합되었다.

간단한 모의 객체 사용은 다음과 같다.

```
try:
    from unittest import mock
except ImportError:
    import mock
```

이렇게 하면 파이썬 3.3과 이전 버전의 호환성을 지킬 수 있다. 모의 객체는 사용하기 쉽다.

예 6.6 기본적인 모의 객체 사용

```
>>> import mock
```

```
>>> m = mock.Mock()
>>> m.some_method.return_value = 42
>>> m.some_method()
42
>>> def print_hello():
...     print("hello world!")
...
>>> m.some_method.side_effect = print_hello
>>> m.some_method()
hello world!
>>> def print_hello():
...     print("hello world!")
...     return 43
...
>>> m.some_method.side_effect = print_hello
>>> m.some_method()
hello world!
43
>>> m.some_method.call_count
3
```

이렇게 mock을 사용하면 여러 시나리오에서 실제 내부 객체의 인터페이스를 흉내 낼 수 있다.

모의 객체는 액션/단언(assertion) 패턴을 사용한다. 테스트가 한 번 실행되면 우리가 흉내 내는 액션이 제대로 수행되었는지를 검사해야 한다.

예 6.7 메서드 호출 검사

```
>>> import mock
>>> m = mock.Mock()
>>> m.some_method('foo', 'bar')
<Mock name='mock.some_method()' id='26144272'>
>>> m.some_method.assert_called_once_with('foo', 'bar')
>>> m.some_method.assert_called_once_with('foo', mock.ANY)
>>> m.some_method.assert_called_once_with('foo', 'baz')
Traceback (most recent call last):
  File "<stdin>", line 1, in <module>
  File "/usr/lib/python2.7/dist-packages/mock.py", line 846, in
     assert_called_once_with
    return self.assert_called_with(*args, **kwargs)
  File "/usr/lib/python2.7/dist-packages/mock.py", line 835, in
     assert_called_with
    raise AssertionError(msg)
AssertionError: Expected call: some_method('foo', 'baz')
Actual call: some_method('foo', 'bar')
```

보다시피 우리 코드의 어느 부분이든지 이 모의 객체를 넘겨서 실제로 호출되어야 할 인자와 함께 호출되었는지 확인할 수 있다. 어떤 인자를 전달해야 할지 모르면 mock.ANY를 값으로 사용할 수 있다. 이 값은 모의 메서드에 전달된 모든 인자와 매치된다.

때때로 코드가 외부 모듈에 있는 어떤 함수나 메서드 또는 객체에 의존할 경우 테스트하는 것이 까다로워지는데 이를 위해 mock 모듈에 있는 패칭(patching) 기능을 쓸 수 있다.

예 6.8 mock.patch 사용

```
>>> import mock
>>> import os
>>> def fake_os_unlink(path):
...     raise IOError("Testing!")
...
>>> with mock.patch('os.unlink', fake_os_unlink):
...     os.unlink('foobar')
...
Traceback (most recent call last):
  File "<stdin>", line 2, in <module>
  File "<stdin>", line 2, in fake_os_unlink
IOError: Testing!
```

이렇게 mock.patch 메서드를 쓰면 외부 코드의 어떤 부분이든지 우리가 작성한 코드를 테스트하기 위해 필요한 방식으로 행위를 변경시킬 수 있다.

예 6.9 mock.patch로 행위 테스트

```
import requests
import unittest
import mock


class WhereIsPythonError(Exception):
    pass


def is_python_still_a_programming_language():
    try:
        r = requests.get("http://python.org")
    except IOError:
        pass
    else:
        if r.status_code == 200:
            return 'Python is a programming language' in r.content
    raise WhereIsPythonError("Something bad happened")
```

```python
    def get_fake_get(status_code, content):
        m = mock.Mock()
        m.status_code = status_code
        m.content = content
        def fake_get(url):
            return m
        return fake_get

    def raise_get(url):
        raise IOError("Unable to fetch url %s" % url)

    class TestPython(unittest.TestCase):
        @mock.patch('requests.get', get_fake_get(
            200, 'Python is a programming language for sure'))
        def test_python_is(self):
            self.assertTrue(is_python_still_a_programming_language())

        @mock.patch('requests.get', get_fake_get(
            200, 'Python is no more a programming language'))
        def test_python_is_not(self):
            self.assertFalse(is_python_still_a_programming_language())

        @mock.patch('requests.get', get_fake_get(
            404, 'Whatever'))
        def test_bad_status_code(self):
            self.assertRaises(WhereIsPythonError,
                              is_python_still_a_programming_language)
        @mock.patch('requests.get', raise_get)
        def test_ioerror(self):
            self.assertRaises(WhereIsPythonError,
                              is_python_still_a_programming_language)
```

예 6.9는 mock.patch의 데코레이터 버전을 사용한다. 이는 원래 동작을 변경하지 않고 더 쉽게 사용할 수 있다.

모의 객체를 사용하면 404 에러를 돌려주는 웹 서버나 네트워크 이슈 등 모든 문제를 흉내 낼 수 있다. 우리 코드가 맞는 값을 돌려주는지 또는 여러 상황에 적합한 예외를 던지는지 등을 검사해서 코드가 항상 원하는 대로 동작하는지 확인할 수 있다.

6.4 시나리오

단위 테스트를 할 때 흔히 여러 테스트를 한 객체의 여러 다른 버전에 대응하여 실행하곤 한다. 하나의 에러를 처리하는 테스트를 다른 객체들에 대해 실행해 보거나 테스트 전체를 서로 다른 드라이버[1]와 함께 실행할 때도 있다.

이 마지막 상황은 실로미터(Ceilometer, https://launchpad.net/ceilometer)가 도와줄 수 있다. 실로미터는 우리가 저장소 API라고 부르는 추상 클래스를 제공한다. 어떤 드라이버라도 이 추상 클래스를 구현하고, 스스로를 드라이버라고 등록하면 다른 소프트웨어는 데이터 저장이나 회수를 위해 구현된 드라이버를 불러와서 구현된 저장소 API를 사용한다. 이때 이 드라이버들이 원하는 대로 동작하는지 확인하기 위해 각 드라이버와 대응되는 단위 테스트가 필요하다.

이를 위해 자연스러운 방법은 믹신(mixin)[2] 클래스를 사용하는 것이다. 부모 클래스 하나는 단위 테스트를 가지는 클래스이고, 다른 하나는 특정한 드라이버를 설정한 클래스이다.

```python
import unittest

class MongoDBBaseTest(unittest.TestCase):
    def setUp(self):
        self.connection = connect_to_mongodb()

class MySQLBaseTest(unittest.TestCase):
    def setUp(self):
        self.connection = connect_to_mysql()

class TestDatabase(unittest.TestCase):
    def test_connected(self):
        self.assertTrue(self.connection.is_connected())

class TestMongoDB(TestDatabase, MongoDBBaseTest):
    pass

class TestMySQL(TestDatabase, MySQLBaseTest):
    pass
```

---

[1] (옮긴이) 여기서 드라이버는 특정 기능을 수행하는 라이브러리에 대한 일반적인 뜻이지만 좀 더 쉽게 데이터베이스 드라이버로 생각해도 무방하다. MySQL과 PostgreSQL 데이터베이스 드라이버를 테스트한다고 생각해 보자.

[2] (옮긴이) 믹신은 다중 상속의 일종으로 7장에서 더 자세히 볼 수 있다.

하지만 장기적으로 이런 코드는 불편하며 확장하기도 어렵다.

더 나은 방법은 testscenarios(https://pypi.python.org/pypi/testscenarios) 패키지를 사용하는 것이다. 이 패키지는 한 테스트 클래스를 런타임에서 생성된 여러 다른 시나리오에 대응하여 실행하는 간편한 방법을 제공한다. 6.3에서 모의 객체를 설명하기 위해 사용했던 예 6.9를 이를 이용하여 다시 만들어보자.

예 6.10 testscenarious 사용

```
import mock
import requests
import testscenarios

class WhereIsPythonError(Exception):
    pass

def is_python_still_a_programming_language():
    r = requests.get("http://python.org")
    if r.status_code == 200:
        return 'Python is a programming language' in r.content
    raise WhereIsPythonError("Something bad happened")

def get_fake_get(status_code, content):
    m = mock.Mock()
    m.status_code = status_code
    m.content = content
    def fake_get(url):
        return m
    return fake_get

class TestPythonErrorCode(testscenarios.TestWithScenarios):
    scenarios = [
        ('Not found', dict(status=404)),
        ('Client error', dict(status=400)),
        ('Server error', dict(status=500)),
    ]

    def test_python_status_code_handling(self):
        with mock.patch('requests.get',
                       get_fake_get(
                           self.status,
                           'Python is a programming language for sure')):
            self.assertRaises(WhereIsPythonError,
                             is_python_still_a_programming_language)
```

하나의 테스트만 정의된 것처럼 보이지만 testscenarios는 우리가 정의한 세 개의 시나리오를 따라 세 번 실행한다.

```
% python -m unittest -v test_scenario
test_python_status_code_handling (test_scenario.TestPythonErrorCode)
...
   ok
test_python_status_code_handling (test_scenario.TestPythonErrorCode)
...
   ok
test_python_status_code_handling (test_scenario.TestPythonErrorCode)
...
   ok

----------------------------------------------------------------------
Ran 3 tests in 0.001s

OK
```

보다시피 시나리오를 만들기 위해 시나리오 이름과 딕셔너리를 튜플로 만들고 이 튜플의 리스트가 전체 시나리오가 된다. 딕셔너리는 각 시나리오의 테스트 클래스에서 사용할 수 있는 정보를 담으면 된다.

또 다른 방법도 어렵지 않게 떠올려 볼 수 있다. 각 테스트에 전달할 값을 딕셔너리에 쓰는 대신 아예 테스트할 특정 드라이버의 인스턴스를 만들고 모든 테스트를 실행할 수 있다.

예 6.11 드라이버 테스트를 위해 testscenarios 사용하기

```python
import testscenarios
from myapp import storage

class TestPythonErrorCode(testscenarios.TestWithScenarios):
    scenarios = [
        ('MongoDB', dict(driver=storage.MongoDBStorage())),
        ('SQL', dict(driver=storage.SQLStorage())),
        ('File', dict(driver=storage.FileStorage())),
    ]

    def test_storage(self):
        self.assertTrue(self.driver.store({'foo': 'bar'}))

    def test_fetch(self):
        self.assertEqual(self.driver.fetch('foo'), 'bar')
```

> 마찬가지로 왜 unittest.TestCase를 사용하지 않는지 궁금하다면 testscenarios.TestWithScenarios가 이를 상속받기 때문이다.

6.5 테스트 스트리밍과 병렬화

많은 테스트를 수행한다면 실행하면서 그것들을 분석할 수 있다면 유용할 것이다. nosetests와 같은 도구는 기본적으로 결과를 stdout에 출력하는 하는데 이는 파싱이나 분석을 어렵게 한다.

subunit(https://pypi.python.org/pypi/python-subunit)은 테스트 결과를 스트리밍해 주는 파이썬 모듈이다. 테스트 결과를 합치는 것이나[3] 기록하고 보존하는 기능을 제공한다.

테스트를 할 때 subunit은 쉽게 사용할 수 있다.

```
$ python -m subunit.run test_scenario
```

이 명령의 결과는 바이너리 데이터라서 결과를 이 책에 담을 필요는 없어 보인다. 하지만 subunit은 이 바이너리 스트림을 다른 것으로 바꿀 수 있는 옵션을 제공한다.

예 6.12 subunit2pyunit 사용

```
$ python -m subunit.run test_scenario | subunit2pyunit
test_scenario.TestPythonErrorCode.test_python_status_code_handling(
    Not found)
test_scenario.TestPythonErrorCode.test_python_status_code_handling(
    Not found) ... ok
test_scenario.TestPythonErrorCode.test_python_status_code_handling(
    Client error)
test_scenario.TestPythonErrorCode.test_python_status_code_handling(
    Client error) ... ok
test_scenario.TestPythonErrorCode.test_python_status_code_handling(
    Server error)
test_scenario.TestPythonErrorCode.test_python_status_code_handling(
    Server error) ... ok

----------------------------------------------------------------------
Ran 3 tests in 0.061s

OK
```

이제 이 기능을 이해할 수 있을 것이다. subunit2csv, subunit2gtk,

---

[3] 다른 프로그램이나 다른 프로그래밍 언어에서 만든 결과도 괜찮다.

subunit2junitxml 등도 바이너리 스트림을 다른 포맷으로 바꾸기 위해 사용할 수 있다.

subunit은 또한 discover를 인자로 넣을 경우 실행할 테스트를 자동으로 찾는다.

```
$ python -m subunit.run discover | subunit2pyunit
test_scenario.TestPythonErrorCode.test_python_status_code_handling(
    Not found)
test_scenario.TestPythonErrorCode.test_python_status_code_handling(
    Not found) ... ok
test_scenario.TestPythonErrorCode.test_python_status_code_handling(
    Client error)
test_scenario.TestPythonErrorCode.test_python_status_code_handling(
    Client error) ... ok
test_scenario.TestPythonErrorCode.test_python_status_code_handling(
    Server error)
test_scenario.TestPythonErrorCode.test_python_status_code_handling(
    Server error) ... ok

----------------------------------------------------------------------
Ran 3 tests in 0.061s

OK
```

--list 옵션을 쓰면 테스트를 실행하지 않고 테스트 목록을 볼 수 있다. 이 결과를 보려면 subunit-ls를 쓰면 된다.

```
$ python -m subunit.run discover --list | subunit-ls --exists
test_request.TestPython.test_bad_status_code
test_request.TestPython.test_ioerror
test_request.TestPython.test_python_is
test_request.TestPython.test_python_is_not
test_scenario.TestPythonErrorCode.test_python_status_code_handling
```

 --load-list 옵션을 사용해도 전체 테스트를 실행하는 대신 실행할 전체 테스트 목록을 볼 수 있다.

규모가 큰 애플리케이션에선 테스트가 많아서 힘들 때가 있는데 subunit의 스트리밍을 사용하는 프로그램이 있다면 도움이 될 것이다. 이러한 목적으로 만들어진 testrepository(https://pypi.python.org/pypi/testrepository) 패키지의 testr은 실행하는 테스트 결과를 데이터베이스처럼 확인해 볼 수 있다.

```
$ testr init
$ touch .testr.conf
% python -m subunit.run test_scenario | testr load
Ran 4 tests in 0.001s
PASSED (id=0)
$ testr failing
PASSED (id=0)
$ testr last
Ran 3 tests in 0.001s
PASSED (id=0)
$ testr slowest
Test id                                             Runtime (s)
--------------------------------------------------  -----------
test_python_status_code_handling(Not found)         0.000
test_python_status_code_handling(Server error)      0.000
test_python_status_code_handling(Client error)      0.000
$ testr stats
runs=1
```

subunit가 스트리밍을 시작하고 testrepository가 이를 불러오면 testr 명령어를 통해 조작이 가능하다.

테스트를 실행할 때마다 이 작업을 하는 것은 불편하므로 대신 테스트를 수행하는 법을 testr한테 알려주어서 알아서 테스트를 불러오게 할 수 있다. 프로젝트의 루트에 .testr.conf 파일을 만들면 된다.

예 6.13 .testr.conf 파일

```
[DEFAULT]
test_command=python -m subunit.run discover . $LISTOPT $IDOPTION ①
test_id_option=--load-list $IDFILE ②
test_list_option=--list ③
```

① testr run이 실행될 때 실행할 명령어

② 테스트 목록을 불러올 명령어

③ 테스트 목록을 보여주는 명령어

첫 번째 줄, test_command가 가장 중요하다. 이렇게 설정한 다음엔 테스트를 testrepository로 불러오기 위해 testr run 명령만을 실행하면 된다.

 nosetests를 사용해 왔다면 이제 testr run을 동등한 명령어로 사용할 수 있다.

다른 두 옵션은 테스트를 병렬로 수행하게 해준다. 이것은 --parallel 옵션을 testr run 명령에 더하기만 하면 가능하다. 테스트를 병렬로 수행하면 실행 속도를 상당히 높일 수 있을 것이다.

예 6.14 testr run --parallel 실행

```
$ testr run --parallel
running=python -m subunit.run discover . --list
running=python -m subunit.run discover . --load-list /tmp/tmpiMq5Q1
running=python -m subunit.run discover . --load-list /tmp/tmp7hYEkP
running=python -m subunit.run discover . --load-list /tmp/tmpP_9zBc
running=python -m subunit.run discover . --load-list /tmp/tmpTejc5J
Ran 26 (+10) tests in 0.029s (-0.001s)
PASSED (id=7, skips=3)
```

내부적으로 testr은 테스트를 목록화하는 작업을 하고 이 목록을 여러 작은 목록으로 나눈 후 각 목록을 위한 파이썬 프로세스를 생성한다. 기본으로 이 작은 목록의 수는 하드웨어의 CPU 수와 동일하다. --concurrency 옵션을 사용하면 이 프로세스 개수를 수정할 수 있다.

```
$ testr run --parallel --concurrency=2
```

이 장에서 전반적으로 훑어봤지만 subunit이나 testrepository 같은 도구들이 열어 놓은 가능성을 상상할 수 있을 것이다. 테스팅은 소프트웨어 품질에 큰 영향을 미치기 때문에 이러한 도구에 익숙해지는 것은 충분히 가치 있는 일이며 많은 시간을 아낄 수 있을 것이다.

   testrepository는 또한 setuptools와 결합하여 setuptools를 위한 testr 옵션을 추가할 수 있다. 이렇게 하면 전체 프로젝트를 setup.py에 기반을 둔 작업 흐름에 통합할 수 있다. setup.py testr은 testr 실행 옵션이 되는 --testr-args를 인자로 받을 수 있으며 또 다른 인자 --coverage는 다음 절에서 살펴볼 것이다.

6.6 커버리지

코드 커버리지는 단위 테스트를 보완한다. 코드 분석 도구와 트레이싱 훅

(tracing hook)을 사용해서 단위 테스트가 실행되는 동안 어떤 줄들이 실행되었는지 파악하여 우리 코드 중 어떤 부분이 테스트되었고 어떤 부분이 아닌지 알려준다.

테스트를 만드는 것은 그 자체로 유용하지만 우리 코드에서 어떤 부분이 테스트에서 빠졌는지 알 수 있다면 더 큰 도움이 될 것이다.

우선 coverage(https://pypi.python.org/pypi/coverage) 모듈을 설치하자. 설치 후에 coverage 명령어를 사용할 수 있다.[4]

coverage를 독립적으로 사용해도 우리 프로그램 중 실행되지 않아서 '죽은 코드'가 될 가능성이 있는 부분을 쉽게 알 수 있다. 이에 더해, 단위 테스트 중에 사용하면 코드의 어느 부분이 테스트되지 않았는지 알 수 있다. 지금까지 책에서 다룬 테스트 도구들은 모두 coverage와 쉽게 결합해서 사용할 수 있다.

nose를 쓸 때 몇 가지 옵션만 추가하면 보기 좋은 코드 커버리지 결과가 나온다.

예 6.15 nosetests --with-coverage 사용

```
$ nosetests --cover-package=ceilometer --with-coverage tests/
    test_pipeline.py
..............................................
Name                                  Stmts    Miss    Cover    Missing
ceilometer                                0       0    100%
ceilometer.pipeline                     152      20     87%    49, 59,
    113, 127-128, 188-192, 275-280, 350-362
ceilometer.publisher                     12       3     75%    32-34
ceilometer.sample                        31       4     87%    81-84
ceilometer.transformer                   15       3     80%    26-32, 35
ceilometer.transformer.accumulator       17       0    100%
ceilometer.transformer.conversions       59       0    100%

TOTAL                                   888     393     56%
----------------------------------------------------------------------
Ran 46 tests in 0.170s

OK
```

---

[4] 데비안 같은 리눅스의 패키지 시스템을 통해 coverage를 설치했다면 이 명령어가 python-coverage라는 이름으로 설치될 수도 있다.

```
Coverage for ceilometer.publisher : 75%
12 statements  9 run  3 missing  0 excluded

 1  # -*- encoding: utf-8 -*-
 2  #
 3  # Copyright © 2013 Intel Corp.
 4  # Copyright © 2013 eNovance
 5  #
 6  # Author: Yunhong Jiang <yunhong.jiang@intel.com>
 7  #         Julien Danjou <julien@danjou.info>
 8  #
 9  # Licensed under the Apache License, Version 2.0 (the "License"); you may
10  # not use this file except in compliance with the License. You may obtain
11  # a copy of the License at
12  #
13  #      http://www.apache.org/licenses/LICENSE-2.0
14  #
15  # Unless required by applicable law or agreed to in writing, software
16  # distributed under the License is distributed on an "AS IS" BASIS, WITHOUT
17  # WARRANTIES OR CONDITIONS OF ANY KIND, either express or implied. See the
18  # License for the specific language governing permissions and limitations
19  # under the License.
20  import abc
21  from stevedore import driver
22  from ceilometer.openstack.common import network_utils
23
24  def get_publisher(url, namespace='ceilometer.publisher'):
25      """Get publisher driver and load it.
26
27      :param URL: URL for the publisher
28      :param namespace: Namespace to use to look for drivers.
29      """
30      parse_result = network_utils.urlsplit(url)
31      loaded_driver = driver.DriverManager(namespace, parse_result.scheme)
32      return loaded_driver.driver(parse_result)
33
34
35  class PublisherBase(object):
36      """Base class for plugins that publish the sampler."""
37
38      __metaclass__ = abc.ABCMeta
39
40      def __init__(self, parsed_url):
41          pass
42
43      @abc.abstractmethod
44      def publish_samples(self, context, samples):
45          "Publish samples into final conduit."
```

그림 6.1 ceilometer.publisher의 커버리지

--cover-package 옵션은 중요하다. 이 옵션이 없다면 사용되는 모든 표준 및 외부 파이썬 패키지도 커버리지 검사에 포함된다. 검사 결과는 얼마나 많은 줄의 코드가 실행되지 않았는지 알려주며 결과적으로 테스트되지 않은 코드 양을 알 수 있다. 이제 할 일은 에디터를 열어서 테스트를 만드는 것이다.

coverage가 괜찮은 HTML 보고서를 만들게 할 수도 있다. --cover-html 옵션을 사용하면 명령을 실행한 경로에 HTML 페이지와 함께 cover 디렉터리가 생성된다. 각 페이지는 소스 코드에서 실행되지 않은 부분들을 보여준다.

--cover-min-percentage=COVER_MIN_PERCENTAGE 옵션을 사용하

면 테스트에서 실행되지 않은 코드가 지정한 최소 퍼센트 값보다 적으면 실패한 테스트로 간주할 수 있다.

> 100% 코드 커버리지가 전체 코드가 테스트되었으니 이제 그만해도 된다는 것을 꼭 뜻하진 않는다. 그저 전체 코드가 실행되었다는 것이지, 모든 조건이 테스트되었다는 의미는 전혀 아니다. 그러니 100%는 존중할 만한 목표지만 완료를 뜻하는 것은 아니다.

testrepository를 쓰면 coverage를 setuptools와 결합해서 쓸 수 있다.

예 6.16 coverage를 testrepository와 같이 쓰기

```
$ python setup.py testr --coverage
```

이는 자동으로 테스트를 coverage와 함께 실행하고 cover 디렉터리에 HTML 보고서를 생성한다.

테스트를 더 견고하게 하기 위해 꼭 이 장에서 배운 내용을 활용하고 현재 테스트에서 실행되지 않은 코드에 대한 테스트를 추가하도록 하자. 이는 추후 프로젝트의 유지 보수를 쉽게 하고 전반적인 코드 품질을 높일 수 있는 중요한 작업이다.

6.7 tox와 virtualenv 사용

5장에서 가상 환경에 대해 알아보았다. 단위 테스트를 문제가 발생할 가능성이 없는 깨끗한 환경에서 실행하는 것도 가상 환경을 쓰는 큰 이유 중 하나다. 어떤 테스트가 작동한다고 생각했지만 사실 어떤 의존성 때문에 오작동한 것이라면 얼마나 슬프겠는가.

가상 환경을 만들고 setuptools를 설치하고 애플리케이션이나 라이브러리를 실행하고 단위 테스트를 하는 데 필요한 모든 라이브러리를 설치하는 스크립트를 만들 수 있다. 하지만 이미 이를 위한 도구가 있다. 바로 tox다.

tox는 파이썬에서 테스트를 실행하는 방법을 자동화하고 표준화하는 것을 목표로 만들어졌다. 전체 테스트를 완전한 가상 환경에서 실행하기 위

해 필요한 모든 것을 제공하며 애플리케이션 설치가 제대로 되었는지 검증하기 위해 설치 작업도 할 수 있다.

tox를 쓰려면 설정 파일이 필요하다. setup.py 파일이 있는 프로젝트의 최상위 디렉터리에 tox.ini 파일이 있어야 한다.

```
$ touch tox.ini
```

이제 tox를 실행할 수 있다

```
% tox
GLOB sdist-make: /home/jd/project/setup.py
python create: /home/jd/project/.tox/python
python inst: /home/jd/project/.tox/dist/project-1.zip
_____ summary _____
  python: commands succeeded
  congratulations :)
```

물론 설정이 없으므로 아직까지 그리 유용하지 않다. 이 예에서 tox는 .tox/python에 기본 파이썬 버전을 이용해서 가상 환경을 만들었고 setup.py를 사용해서 우리 패키지의 배포판을 만들고 가상 환경에 설치하였다. 아직 아무 설정도 하지 않았으니 아무것도 실행되지 않았다.

이제 테스트 환경에서 실행할 명령어를 추가하자. tox.ini 파일을 다음과 같이 변경하자.

```
[testenv]
commands=nosetests
```

가상 환경에 nosetests가 없으니 tox가 실행할 nosetests는 당연히 실패할 것이다. 설치할 라이브러리 목록을 tox한테 알려주자.

```
[testenv]
deps=nose
commands=nosetests
```

이제 tox를 실행하면 가상 환경을 재생성하고, 필요한 라이브러리를 설치하고 nosetest 명령어를 이용하여 단위 테스트를 전부 수행할 것이다. deps 옵션에 필요한 라이브러리를 더 추가할 수도 있고, -rfile 옵션을 이용해 설치할 라이브러리 목록이 있는 파일을 명시할 수도 있다. requirements.txt 파일에 의존하는 라이브러리 목록을 담고 있다면 tox가 이 파일을 사용하게 하는 것도 좋다.

```
[testenv]
deps=nose
     -rrequirements.txt
commands=nosetests
```

[testenv] 절에 tox가 관리할 모든 가상 환경에 대한 매개 변수를 정의할 수 있지만 앞서 언급했듯이 tox는 여러 버전의 파이썬에 대한 가상 환경을 관리할 수 있다. -e 옵션을 사용하면 테스트를 특정 파이썬 버전에서 실행할 수 있다.

```
% tox -e py26
GLOB sdist-make: /home/jd/project/setup.py
py26 create: /home/jd/project/.tox/py26
py26 installdeps: nose
py26 inst: /home/jd/project/.tox/dist/rebuildd-1.zip
py26 runtests: commands[0] | nosetests
.......
----------------------------------------------------------
Ran 7 tests in 0.029s

OK
_____ summary _____
  py26: commands succeeded
  congratulations :)
```

기본적으로 tox는 다음 여러 옵션을 사용해서 다양한 파이썬 버전에서 테스트를 할 수 있다. py24, py25, py26, p27, py30, py31, py32, py33, jython 그리고 pypy까지! 원한다면 다른 버전의 파이썬을 추가할 수도 있다. 가상 환경을 추가하거나 새것을 만들고 싶으면 [testenv:_envname_]으로 새 절을 추가하면 된다. 특정 환경에 다른 명령어를 실행하고 싶다면 다음과 같이 tox.ini 파일을 수정하면 된다.

```
[testenv]
deps=nose
commands=nosetests
```

```
[testenv:py27]
commands=pytest
```

이는 오직 py27 환경에서 실행할 명령만 바꾼 것이고, tox -e py27로 실행하더라도 nose가 여전히 설치될 것이다. 단 nosetests 대신 pytest 명령어를 사용해서 테스트를 수행할 것이다.

   tox에서 기본으로 지원하지 않는 버전의 파이썬도 쉽게 추가할 수 있다.

```
[testenv]
deps=nose
commands=nosetests
[testenv:py21]
basepython=python2.1
```

이제 파이썬 2.1로 테스트를 할 수 있다. 물론 우리 코드가 파이썬 2.1에서 동작하진 않을 것이다.

   여러 버전의 파이썬을 지원하고 싶다면 tox 명령어를 인자 없이 실행해도 지원하려 하는 모든 버전의 파이썬에 대해 테스트를 하면 좋을 것이다. 다음과 같이 설정에 원하는 파이썬 버전을 명시하면 tox를 그냥 실행했을 때 이것들에 대해 테스트할 수 있다.

```
[tox]
envlist=py26,py27,py33,pypy
[testenv]
deps=nose
commands=nosetests
```

이제 tox가 다른 인자 없이 실행되면 네 가지 환경이 생성되고 라이브러리와 애플리케이션을 설치한 후 nosetest를 실행할 것이다.

   tox를 1.4에서 본 flake8 같은 도구와 통합되도록 할 수도 있다.

```
[tox]
envlist=py26,py27,py33,pypy,pep8
[testenv]
deps=nose
commands=nosetests
[testenv:pep8]
deps=flake8
commands=flake8
```

이 경우 pep8 환경은 기본 파이썬 버전을 사용하여 실행될 것이다.[5]

 tox를 실행하면 순차적으로 모든 환경이 구성되고 테스트를 수행하는데 이 작업이 너무 오래 걸릴 수 있다. 사실 가상 환경은 고립된 것이기에 tox 명령을 병렬로 수행하는 데 문제 될 것은 없다. detox 명령은 envlist에 있는 환경들을 병렬로 수행하여 이를 가능하게 해준다. pip install로 설치하자!

6.8 테스팅 정책

테스트 코드를 프로젝트 내에 두는 것은 좋지만 어떻게 실행할 것인지도 무척 중요하다. 테스트 코드를 프로젝트 내에 두지만 어떤 이유에서건 테스트 실행에 실패하는 프로젝트가 많다.

이번 주제는 파이썬에 한정되는 내용은 아니지만 충분히 강조할 만하다. 테스트되지 않은 코드에 대해 어떠한 관용도 있어서는 안 되고 적절하게 단위 테스트되지 않은 코드는 절대 병합되어선 안 된다.

가장 낮은 수준의 목표는 우리가 푸시하는 커밋마다 모든 테스트를 통과하게끔 하는 것이다. 이를 자동화하면 더 좋다.

예를 들어 오픈스택에선 작업 흐름 관리를 위해 게릿(Gerrit, https://code.google.com/p/gerrit/), 젠킨스(Jenkins, http://jenkins-ci.org/), 줄(Zuul, http://ci.openstack.org/zuul/)을 사용한다. 모든 커밋은 게릿의 리뷰 시스템에 의해 코드 리뷰되어야 하고, 줄은 테스팅 작업들을 젠킨스를 이용해 수행한다. 젠킨스는 단위 테스트를 수행하고 각 프로젝트의 다양한 하이 레벨 기능 테스트를 수행한다. 이를 통해 모든 패치가 테스트를 통과했음을 확인할 수 있다. 개발자 두어 명이 코드 리뷰를 하여 모든 코드가 단위 테스트를 가지고 있음을 확신할 수 있다.

널리 사용되는 깃허브에서도 트래비스 CI(Travis CI, https://travis-ci.org/)를 통해 각 푸시나 병합 또는 풀 리퀘스트가 등록된 다음, 테스트를 수행하는 방법을 제공한다. 이러한 기능이 푸시나 병합 다음에 행해지는

---

5 basepython 옵션을 사용하여 원하는 파이썬 버전을 지정할 수 있다.

것은 아쉽지만 여전히 회귀를 검증하는 아주 좋은 방법이다. 트래비스는 중요한 모든 파이썬 버전을 자동으로 지원하고 수준 높은 커스터마이징이 가능하다. 깃허브 웹 인터페이스를 통해 트래비스를 활성화하였다면 .travis.yml 파일을 추가하여 트래비스가 작업을 하게 할 수 있다.

예 6.17 .travis.yml 파일

```
language: python
python:
  - "2.7"
  - "3.3"
# 의존성 설치 명령
install: "pip install -r requirements.txt --use-mirrors"
# 테스트 실행 명령
script: nosetests
```

깃허브뿐 아니라 어느 버전 관리 호스팅 서비스를 사용하든지 자동 테스트를 수행하여 프로젝트가 올바른 방향으로 가고 있는지, 또는 버그를 추가해서 퇴보하지 않았는지 검증하는 방법이 있을 것이다.

6.9 로버트 콜린스 인터뷰

아마 로버트 콜린스(Robert Collins)가 누군지 모르더라도 그가 만든 프로그램을 써 본 적이 있을 것이다. 그는 바자(Bazaar, http://bazaar.canonical.com) 분산 버전 관리 시스템의 최초 개발자였다. 그는 지금 HP 클라우드 서비스에서 'Distinguished Technologist'라는 직책으로 오픈스택에 대한 일을 하고 있다. 로버트는 fixtures, testscenarios, testrepository, python-subunit 같이 이 책에서 언급한 많은 도구를 만들었다.

테스팅 정책에 대해 해줄 조언이 있는가? 코드를 테스트하지 않아도 용납되는 때는 언제일까?

나는 그것을 공학적 절충으로 생각한다. 에러가 발견되지 않고 실환경(production)에 들어갈 가능성, 그 발견되지 않은 에러에 대한 비용, 일을 하는 팀 규모와 단결력을 모두 고려해야

한다. 1600여 명의 공헌자가 있는 오픈스택에선 너무 많은 사람이 각자 의견이 있기 때문에 정책이 모호하면 일이 아주 어려워진다. 일반적으로 말하면 트렁크(trunk)에 코드가 붙을 때 그 코드가 무엇을 하려고 하고 무엇이 필요한지에 대해 자동화된 검사가 있어야 한다. 이를 위해 때때로 서로 다른 코드 베이스에서 기능 테스트가 필요하다. 단위 테스트는 개발 속도를 높이고 예외적인 경우를 말끔하게 관리할 수 있다. 나는 테스팅이 있는 한 서로 다른 스타일의 테스팅을 어느 정도 허용하는 것도 괜찮다고 생각한다.

테스팅에 대한 비용이 아주 높고 이득이 아주 적다면 해당 부분에 대해 테스트를 하지 않는다고 공식적으로 결정해도 괜찮다. 하지만 이런 경우는 상대적으로 희소하다. 대부분의 경우 쉽게 테스트될 수 있으며 에러를 일찍 잡아내는 이득은 보통 상당히 크다.

파이썬 코드를 짤 때 테스팅을 쉽게 하고 품질을 높이기 위한 최선의 전략은 무엇인가?

기능 나누기다. 한 번에 여러 가지 기능을 하려고 하지 마라. 기능을 나누면 재사용과 반복적인 테스트를 쉽게 할 수 있다. 가능하면 순수한 함수적인 접근을 해라(즉 하나의 메서드는 계산을 하거나 상태를 바꿀 수 있지만 둘 다 하는 것은 피해라). 이렇게 해야 데이터베이스 저장이나 HTTP 서버 통신 같은 상태 변화를 다루지 않고 가능한 한 모든 작업을 테스트할 수 있다. 또한 테스트 로직만을 쉽게 바꾸어서 예외적인 상황을 미리 일으켜 보거나 모의 객체와 테스트를 통해 상태가 예상대로 바뀌는지 테스트하기 쉽다. 경험상 가장 테스트하기 어려운 경우는 레이어가 깊은 스택에서 여러 레이어에 대해 기능적 의존성을 지닌 코드다. 레이어들 간의 연결을 간단하고, 예상 가능하고, 대체 가능하게(테스팅에 가장 유용하다) 진화시켜라.

소스 코드에 단위 테스트를 구성하는 제일 좋은 방법은 뭔가?

$ROOT/$PACKAGE/tests 같은 계층을 가지는 것이다. $ROOT/$PACKAGE/$SUBPACKAGE/tests처럼 하지 말고 전체 소스 트리에서 하나만 가지길 선호한다.

$ROOT/$PACKAGE/foo.py는 $ROOT/$PACKAGE/tests/test_foo.py에서 테스트하는 것처럼 테스트에서 소스 트리의 구조를 흉내 내기도 한다.

테스트에서 최상위 __init__에 있는 test_suite/load_tests 같은 함수를 제외하곤 다른 트리를 불러와선 안 된다. 이렇게 하면 설치 파일 용량을 줄이기 위해 테스트를 떼어내기도 쉽다.

파이썬에서 기능 테스트를 위해 쓸 수 있는 도구들은 뭐가 있을까?

나는 그냥 unittest만 사용한다. 대다수 요구를 다 커버할 수 있을 정도로 충분히 유연하다(특히 testresources와 병렬 실행을 가능하게 하는 도구와 함께 쓴다).

파이썬에서 단위 테스트 라이브러리와 프레임워크의 미래는 어떨 것이라 보는가?

내가 생각하는 큰 도전들은 다음과 같다.

- 새로운 하드웨어에서 병렬 수행 능력을 계속 확장하는 것이다. 요즘은 쿼드코어 휴대 전화들이 흔하다. 지금 단위 테스트 API 내부는 병렬 작업에 최적화되어 있지 않다. 내가 진행 중인 StreamResult 프로젝트는 이 부분을 직접적으로 해결하려 한다.
- 더 복잡한 스케줄링 기능과 이를 위한 간편한 설정이다.
- 오늘날 쓰고 있는 여러 프레임워크를 통합하는 방안을 찾기다. 여러 프로젝트의 서로 다른 테스트 러너(runner)를 통합할 수 있다면 좋을 것이다. 것이다.[6]

---

6 (옮긴이) 예를 들어 장고 프로젝트가 python manage.py test 명령을 통해 테스트를 실행하는 것처럼 각 프로젝트가 테스트를 실행(run)하는 방법은 다를 수 있다. 테스트 러너란 이렇게 테스트를 실행하는 도구를 뜻하며 프레임워크에서 지원하는 테스팅 방법들도 대부분 unittest 패키지를 사용하기 때문에 테스트 메커니즘이 크게 다르진 않으나 '실행 방법'은 다를 수 있으니 이를 통합하는 방법이 있다면 좋다는 뜻이다.

7장
메서드와 데코레이터

파이썬 데코레이터(decorator)를 사용하면 함수 기능을 간편하게 변경할 수 있다. 데코레이터는 파이썬 2.2에서 classmethod()와 staticmethod()로 처음 소개되었고, PEP 318(http://www.python.org/dev/peps/pep-0318/)에서 철저히 점검하여 더 유연하고 읽기 쉬운 형태가 되었다. 파이썬은 (앞의 두 개를 포함하여) 기본적으로 몇 가지 데코레이터를 제공하는데 많은 개발자들은 그것이 내부적으로 어떻게 동작하는지 잘 모르는 것 같다. 이 장이 이해에 도움이 되길 바란다.

7.1 데코레이터 만들기

데코레이터는 다른 함수를 인자로 받아서 새롭게 변형된 함수로 바꾸는 함수를 뜻한다. 아마 어떤 래퍼 함수를 만들기 위해 데코레이터를 사용해 본 경험이 있을 것이다. 가장 간단한 데코레이터는 다음과 같은 아이덴터티 함수다. 아무 일도 하지 않고 인자로 넘겨진 함수를 그냥 돌려준다.

```
def identity(f):
    return f
```

이제 데코레이터로 사용할 수 있다

```
@identity
def foo():
    return 'bar'
```

이는 다음 코드와 같다.

```
def foo():
    return 'bar'

foo = identity(foo)
```

전혀 쓸모없는 데코레이터지만 동작한다. 아무 일도 안 할 뿐이다.

예 7.1 데코레이터 등록하기

```
_functions = {}
def register(f):
    global _functions
    _functions[f.__name__] = f
    return f
```

앞의 예에서 우리는 함수를 딕셔너리에 등록하고 저장하는 데코레이터를 만들었다. 이제 딕셔너리에서 이름을 사용해서 이 함수를 가지고 올 수 있다.

다음 절에선 파이썬이 제공하는 표준 데코레이터를 언제 어떻게 쓰는지 알아볼 것이다.

어떤 공통된 코드가 전, 후, 또는 전후 모두에 걸쳐 호출되어야 하는 상황이면 데코레이터를 쓰기 적합하다. 이맥스 리스프(Emacs Lisp) 코드를 써본 적이 있다면 어떤 함수 전후에 실행되는 defadvice를 사용해본 적도 있을 것이고 CLOS(The Common Lisp Object System)에 있는 강력한 메서드 결합 기능을 써본 개발자들도 있을 것이다.

어떤 함수들이 인자로 받는 사용자 이름을 검사할 필요가 있다고 생각해보자.

```
class Store(object):
    def get_food(self, username, food):
        if username != 'admin':
            raise Exception("This user is not allowed to get food")
        return self.storage.get(food)
```

```python
    def put_food(self, username, food):
        if username != 'admin':
            raise Exception("This user is not allowed to get food")
        self.storage.put(food)
```

리팩터링을 통해 검사하는 코드를 함수로 떼어낼 수 있다.

```python
def check_is_admin(username):
    if username != 'admin':
        raise Exception("This user is not allowed to get food")

class Store(object):
    def get_food(self, username, food):
        check_is_admin(username)
        return self.storage.get(food)

    def put_food(self, username, food):
        check_is_admin(username)
        self.storage.put(food)
```

이제 다소 깨끗해졌지만 데코레이터를 쓰면 더 좋은 코드가 될 수 있다.

```python
def check_is_admin(f):
    def wrapper(*args, **kwargs):
        if kwargs.get('username') != 'admin':
            raise Exception("This user is not allowed to get food")
        return f(*args, **kwargs)
    return wrapper

class Store(object):
    @check_is_admin
    def get_food(self, username, food):
        return self.storage.get(food)

    @check_is_admin
    def put_food(self, username, food):
        self.storage.put(food)
```

이처럼 데코레이터는 공통적인 기능을 관리하기 쉽게 해준다. 어느 정도 파이썬 경험이 있다면 이 정도는 아마 알고 있는 내용일 것이다. 하지만 이런 방식으로 데코레이터를 사용하면 어떤 중요한 결점이 있다는 것은 아는가?

앞서 언급했듯이 데코레이터는 원래의 함수를 즉석에서 새로운 함수로 바꾼다. 그런데 이 새 함수는 원래의 함수가 가지고 있던 몇 가지 속성이 결핍되어 있다. 새 함수에는 docstring(__doc__)이나 name(__name__) 같은 속성이 없다.

```
>>> def is_admin(f):
...     def wrapper(*args, **kwargs):
...         if kwargs.get('username') != 'admin':
...             raise Exception("This user is not allowed to get food")
...         return f(*args, **kwargs)
...     return wrapper
...
>>> def foobar(username="someone"):
...     """어떤 일을 한다."""
...     pass
...
>>> foobar.func_doc
'Do crazy stuff.'
>>> foobar.__name__
'foobar'
>>> @is_admin
... def foobar(username="someone"):
...     """어떤 일을 한다."""
...     pass
...
>>> foobar.__doc__
>>> foobar.__name__
'wrapper'
```

다행히 functools 모듈의 update_wrapper 함수를 쓰면 이 문제를 해결할 수 있다. 이 함수는 원래 함수의 속성들을 래퍼로 복사한다. update_wrapper 소스 코드를 보면 이해가 갈 것이다.

예 7.2 Python 3.3에 있는 functools.update_wrapper 소스 코드

```
WRAPPER_ASSIGNMENTS = ('__module__', '__name__', '__qualname__',
                       '__doc__', '__annotations__')
WRAPPER_UPDATES = ('__dict__',)
def update_wrapper(wrapper,
                   wrapped,
                   assigned = WRAPPER_ASSIGNMENTS,
                   updated = WRAPPER_UPDATES):
    wrapper.__wrapped__ = wrapped
    for attr in assigned:
        try:
            value = getattr(wrapped, attr)
        except AttributeError:
```

```
                    pass
                else:
                    setattr(wrapper, attr, value)
        for attr in updated:
            getattr(wrapper, attr).update(getattr(wrapped, attr, {}))
        # wrapper를 돌려주어 partial() 함수를 통해 데코레이터로 사용될 수 있다.
        return wrapper
```

앞의 예를 이 함수를 써서 래퍼를 업데이트하게 바꾸면 문제를 해결할 수 있다.

```
>>> def foobar(username="someone"):
...     """어떤 일을 한다."""
...     pass
...
>>> foobar = functools.update_wrapper(is_admin, foobar)
>>> foobar.__name__
'foobar'
>>> foobar.__doc__
'Do crazy stuff.'
```

데코레이터를 만들 때마다 update_wrapper를 호출해야 하면 귀찮으니 functools는 wraps라는 데코레이터를 위한 데코레이터를 제공한다.

예 7.3 functools.wraps 사용

```
import functools

def check_is_admin(f):
    @functools.wraps(f)
    def wrapper(*args, **kwargs):
        if kwargs.get('username') != 'admin':
            raise Exception("This user is not allowed to get food")
        return f(*args, **kwargs)
    return wrapper

class Store(object):
    @check_is_admin
    def get_food(self, username, food):
        return self.storage.get(food)
```

지금까지 본 예에서 우리는 항상 '데코레이트되는' 함수는 username을 키워드 인자로 받는 것을 가정하였지만 꼭 그렇지 않을 수 있다. 이를 감안하여 데코레이트되는 함수의 인자를 보고 필요한 인자를 가지고 오는 더 똑

똑한 데코레이터를 만들 수 있다.

이를 위해 inspect 모듈은 함수의 시그너처[1]를 얻어낼 수 있다.

예 7.4 inspect 모듈을 사용해서 함수 인자 가지고 오기

```
import functools
import inspect

def check_is_admin(f):
    @functools.wraps(f)
    def wrapper(*args, **kwargs):
        func_args = inspect.getcallargs(f, *args, **kwargs)
        if func_args.get('username') != 'admin':
            raise Exception("This user is not allowed to get food")
        return f(*args, **kwargs)
    return wrapper

@check_is_admin
def get_food(username, type='chocolate'):
    return type + " nom nom nom!"
```

앞의 함수에서 중요한 것은 inspect.getcallargs를 사용하여 인자의 이름과 값을 키-값 딕셔너리로 얻어내는 것이다. 예제에서 이 함수는 {'username':'admin', 'type':'chocolate'}을 돌려준다.[2] 이제 데코레이터는 username 매개 변수가 키워드 인자인지 아닌지 검사할 필요 없이 그저 딕셔너리만 확인하면 된다.

7.2 파이썬에서 메서드는 어떻게 작동하는가

메서드가 파이썬에서 내부적으로 어떻게 동작하는지 잘 모르더라도 많은 메서드를 만들어 왔을 것이다. 하지만 특정 데코레이터가 하는 작업을 이해하기 위해 메서드 내부를 잘 알 필요가 있다.

메서드는 클래스의 속성(attribute)으로 저장되는 함수다. 우리가 그 속성에 바로 접근하면 어떤 일이 일어날까?

---

[1] (옮긴이) 보통 함수 이름과 인자(만약 정적 타입 언어라면 인자의 타입과 함수의 리턴 타입까지)를 함수의 시그너처라고 부른다. 오브젝티브-C(Objective-C)에 경험이 있는 독자들은 익숙한 용어일 것이다.

[2] (옮긴이) 예제의 함수를 get_food("admin")처럼 호출하였을 경우.

예 7.5 파이썬 2 메서드

```
>>> class Pizza(object):
...     def __init__(self, size):
...         self.size = size
...     def get_size(self):
...         return self.size
...
>>> Pizza.get_size
<unbound method Pizza.get_size>
```

파이썬 2는 Pizza 클래스의 get_size 속성을 언바운드(unbound) 메서드라고 알려준다.

예 7.6 파이썬 3 메서드

```
>>> class Pizza(object):
...     def __init__(self, size):
...         self.size = size
...     def get_size(self):
...         return self.size
...
>>> Pizza.get_size
<function Pizza.get_size at 0x7fdbfd1a8b90>
```

파이썬 3에서는 언바운드 메서드의 개념이 완전히 없어졌다. 여기선 get_size가 그냥 함수라고 알려준다.

두 경우 모두 원리는 동일하다. get_size는 객체와 연결되지 않은 함수다. 호출하면 에러가 발생한다.

예 7.7 파이썬 2에서 언바운드된 get_size를 호출했을 때

```
>>> Pizza.get_size()
Traceback (most recent call last):
  File "<stdin>", line 1, in <module>
TypeError: unbound method get_size() must be called with Pizza
  instance as first argument (got nothing instead)
```

예 7.8 파이썬 3에서 언바운드된 get_size를 호출했을 때

```
>>> Pizza.get_size()
Traceback (most recent call last):
  File "<stdin>", line 1, in <module>
TypeError: get_size() missing 1 required positional argument: 'self'
```

파이썬 2는 메서드가 언바운드면 호출을 거부한다. 파이썬 3에선 호출이 가능하지만 필요한 self 인자가 없어서 에러가 발생한다. 이는 메서드에 그 클래스의 어떤 인스턴스라도 넘길 수 있을 뿐 아니라 해당 메서드가 기대하는 프로퍼티만 있다면[3] 어떠한 객체라도 넘길 수 있기 때문에 파이썬 3가 더 유연하다고 볼 수 있다.

```
>>> Pizza.get_size(Pizza(42))
42
```

메서드를 호출할 때 클래스를 써주는 것은 편리하지 않지만 예상한 대로 동작한다.

즉 파이썬은 그저 클래스의 메서드와 인스턴스를 바인딩하는 작업을 해준다. 다른 말로 하면 우리는 모든 Pizza 객체에서 get_size에 접근할 수 있고 파이썬은 자동으로 객체 자신을 메서드의 self 매개 변수로 넘긴다.

예 7.9 바운드된 get_size 호출

```
>>> Pizza(42).get_size
<bound method Pizza.get_size of <__main__.Pizza object at
    0x7f3138827910>>
>>> Pizza(42).get_size()
42
```

보다시피 이는 바운드 메서드기 때문에 어떠한 인자도 넘길 필요가 없다. Pizza의 인스턴스는 자동으로 self 인자로 넘어간다. 더 나은 예를 보자.

```
>>> m = Pizza(42).get_size
>>> m()
42
```

이처럼 바운드 메서드에 대한 레퍼런스를 가지고 있으면 Pizza 객체에 대한 레퍼런스 없이 메서드를 호출할 수 있다. 이 메서드가 어떤 객체에 바운드되었는지 알고 싶으면 메서드의 __self__ 프로퍼티를 확인하면 된다.

```
>>> m = Pizza(42).get_size
```

---

3   (옮긴이) 이는 덕 타이핑(duck typing)의 특성을 말하는 것이다. 메서드가 속한 클래스(타입)의 인스턴스만을 인자로 기대하는 것이 아니라 클래스와 동일한 프로퍼티가 있다면 어떠한 객체라도 괜찮다.

```
>>> m.__self__
<__main__.Pizza object at 0x7f3138827910>
>>> m == m.__self__.get_size
True
```

보다시피 메서드 레퍼런스에서 객체 레퍼런스를 가지고 올 수 있다.

7.3 정적 메서드

정적 메서드는 클래스에 속한 메서드지만 클래스 인스턴스를 사용하지 않는 메서드다. 다음 예를 보자.

예 7.10 @staticmethod 사용

```python
class Pizza(object):
    @staticmethod
    def mix_ingredients(x, y):
        return x + y

    def cook(self):
        return self.mix_ingredients(self.cheese, self.vegetables)
```

원한다면 mix_ingredients를 비정적 메서드로 만들 수 있지만, 그러면 사용하지 않는 self 인자를 받게 된다. 이외에도 @staticmethod 데코레이터는 여러 가지 기능을 제공한다.

- 객체를 만들 때 파이썬이 바운드 메서드를 매번 인스턴스화할 필요가 없다. 바운드 메서드 역시 객체이므로 객체를 만드는 비용이 발생한다. 정적 메서드를 쓰면 이를 피할 수 있다.

  ```
  >>> Pizza().cook is Pizza().cook
  False
  >>> Pizza().mix_ingredients is Pizza.mix_ingredients
  True
  >>> Pizza().mix_ingredients is Pizza().mix_ingredients
  True
  ```

- 코드의 가독성을 향상시킨다. @staticmethod 데코레이터를 보면 우리는 해당 메서드는 객체 상태에 의존적이지 않음을 알 수 있다.

- 하위 클래스에서 정적 메서드를 오버라이드할 수 있다. 우리가 mix_ingredients 함수를 클래스의 정적 메서드 대신 모듈의 함수로 만들었으면 Pizza를 상속받는 클래스는 cook 메서드를 바꾸지 않고선 피자의 성분을 혼합하는 방법을 바꿀 수 없을 것이다.

7.4 클래스 메서드

클래스 메서드는 인스턴스가 아닌 클래스에 바운드되는 메서드다.

```
>>> class Pizza(object):
...     radius = 42
...     @classmethod
...     def get_radius(cls):
...         return cls.radius
...
>>> Pizza.get_radius
<bound method type.get_radius of <class '__main__.Pizza'>>
>>> Pizza().get_radius
<bound method type.get_radius of <class '__main__.Pizza'>>
>>> Pizza.get_radius is Pizza().get_radius
True
>>> Pizza.get_radius()
42
```

이 클래스 메서드는 클래스에 바운드되기 때문에 첫 번째 인자는 클래스 자신이 된다(클래스도 객체임을 명심하자).

클래스 메서드는 흔히 객체를 특정 방법으로 만드는 팩터리 메서드를 만드는 데 사용한다. 만약 클래스 메서드가 아니라 @staticmethod를 사용하면 메서드 내에 Pizza 클래스를 하드코딩된 형태로 써야 하므로 Pizza를 상속받는 클래스는 원래 목적으로 팩터리 메서드를 쓸 수 없다.

```
class Pizza(object):
    def __init__(self, ingredients):
        self.ingredients = ingredients

    @classmethod
    def from_fridge(cls, fridge):
        return cls(fridge.get_cheese() + fridge.get_vegetables())
```

이렇게 우리는 Fridge 객체를 넘길 수 있는 from_fridge 팩터리 메서드를 만들 수 있다. 이 메서드를 Pizza.from_fridge(myfridge)와 같이 호출하면 myfridge에 있는 재료를 가진 새 피자 객체를 만들게 된다.

7.5 추상 메서드

추상 메서드는 상위 클래스에 정의되었지만 실제 메서드 구현이 있을 수도 있고 없을 수도 있는 메서드다. 추상 메서드를 만드는 가장 간단한 방법은 다음과 같다.

```
class Pizza(object):
    @staticmethod
    def get_radius():
        raise NotImplementedError
```

Pizza를 상속받는 모든 클래스는 get_radius 메서드를 오버라이드하여 구현하지 않으면 이 메서드를 호출할 때 예외가 발생할 것이다.

이러한 방식으로 추상 메서드를 만드는 것은 한 가지 문제가 있다. get_radius를 구현하는 것을 잊은 채로 Pizza를 상속받는 클래스를 만들었다면 런타임에서 실제로 메서드를 사용할 때가 되어서야 에러를 알 수 있다.

예 7.11 추상 메서드 구현하기

```
>>> Pizza()
<__main__.Pizza object at 0x7fb747353d90>
>>> Pizza().get_radius()
Traceback (most recent call last):
  File "<stdin>", line 1, in <module>
  File "<stdin>", line 3, in get_radius
NotImplementedError
```

파이썬 표준 라이브러리인 abc(https://docs.python.org/2/library/abc.html) 모듈을 사용하여 추상 메서드를 만들면, 추상 메서드가 있는 객체를 인스턴스로 만들 때 경고를 받을 수 있다.

예 7.12 abc 모듈로 추상 메서드 만들기

```
import abc

class BasePizza(object):
    __metaclass__ = abc.ABCMeta

    @abc.abstractmethod
    def get_radius(self):
        """추상 메서드"""
```

이렇게 abc 모듈을 사용하면 BasePizza나 get_radius를 오버라이드하지 않은 하위 메서드를 인스턴스화하려고 할 때 TypeError를 보게 될 것이다.

```
>>> BasePizza()
Traceback (most recent call last):
  File "<stdin>", line 1, in <module>
TypeError: Can't instantiate abstract class BasePizza with abstract
    methods get_radius
```

 파이썬 3에서 메타클래스 선언이 파이썬 2와 달라졌다. 이런 이유로 앞의 예는 파이썬 2에서만 동작한다.

7.6 정적, 클래스, 추상 메서드 섞기

이러한 데코레이터들은 각자 쓸모가 있지만 이것들을 같이 쓰고 싶을 때가 있을 것이다. 도움이 되는 팁이 몇 가지 있다.

추상 메서드의 프로토타입[4]은 고정된 것이 아니다. 실제로 메서드를 구현할 때 필요에 맞게 인자를 확장하는 것도 가능하다.

```
import abc

class BasePizza(object):
    __metaclass__ = abc.ABCMeta

    @abc.abstractmethod
    def get_ingredients(self):
        """재료 목록을 돌려준다."""
```

---

4 (옮긴이) 메서드 프로토타입은 함수 시그너처와 흡사하게 메서드와 그 인자를 의미한다.

```
class Calzone(BasePizza):
    def get_ingredients(self, with_egg=False):
        egg = Egg() if with_egg else None
        return self.ingredients + [egg]
```

이처럼 Calzone의 get_ingredients 메서드를 BasePizza 클래스에 정의된 인터페이스를 지원하는 한 원하는 대로 만들 수 있다. 이 메서드를 클래스나 정적 메서드로 만드는 것도 가능하다.

```
import abc

class BasePizza(object):
    __metaclass__ = abc.ABCMeta
    @abc.abstractmethod
    def get_ingredients(self):
        """재료 목록을 돌려준다."""

class DietPizza(BasePizza):
    @staticmethod
    def get_ingredients():
        return None
```

이 정적 메서드가 객체 상태에 근거한 결과를 돌려주진 않지만 추상 클래스 BasePizza의 인터페이스를 지원하고 있으니 적법한 메서드다.

파이썬 3에서는(다음 코드는 5867 이슈(http://bugs.python.org/issue5867)로 인해 파이썬 2에선 동작하지 않는다) @staticmethod와 @classmethod 데코레이터를 @abstractmethod 위에 사용하는 것도 가능하다.

예 7.13 @classmethod와 @absctractmethod 믹스하기

```
import abc

class BasePizza(object):
    __metaclass__ = abc.ABCMeta

    ingredients = ['cheese']

    @classmethod
    @abc.abstractmethod
    def get_ingredients(cls):
        """재료 목록을 돌려준다."""
        return cls.ingredients
```

알아둘 점은 이처럼 get_ingredients를 클래스 메서드로 BasePizza의 추상 메서드를 정의하는 것이 하위 클래스도 이를 클래스 메서드로 구현할 것을 강제하진 않는다는 것이다. 정적 메서드를 정의할 때도 동일하다. 추상 메서드를 구현하는 서브 클래스가 어떤 종류의 메서드를 쓸지 강제할 수 있는 방법은 없다.

그런데 잠시만, 여기서 우리는 추상 메서드에 구현 코드를 포함시켰다. 이게 가능할까? 그렇다. 파이썬에선 아무런 문제가 없다. 자바와 달리 추상 메서드 내에 코드를 넣고 super()를 통해 이를 호출하는 것 또한 가능하다.

예 7.14 super()를 추상 메서드와 사용하기

```
import abc

class BasePizza(object):
    __metaclass__ = abc.ABCMeta

    default_ingredients = ['cheese']

    @classmethod
    @abc.abstractmethod
    def get_ingredients(cls):
        """재료 목록을 돌려준다."""
        return cls.default_ingredients

class DietPizza(BasePizza):
    def get_ingredients(self):
        return [Egg()] + super(DietPizza, self).get_ingredients()
```

이 예에서 BasePizza를 상속하는 모든 Pizza는 get_ingredients 메서드를 오버라이드해야 하지만 재료 목록을 가지고 오는 기본 메커니즘을 부모 클래스에서 가지고 올 수 있다.

7.7 super의 진실

파이썬은 아주 초기 시절부터 다중 상속이 가능했다. 그러나 많은 개발자가 다중 상속의 메커니즘과 이와 관련되는 super() 메서드가 실제로 어떻

게 작동하는지 잘 이해하지 못했었다.

단일 상속과 다중 상속의 장단점, 합성(composition)이나 덕 타이핑(duck typing)은 이 책의 범위를 넘어서는 것이지만 이러한 용어에 익숙하지 않다면 이것들에 대해 읽어보고 자신의 시각과 의견을 갖추기를 권한다.

믹신(mixin) 패턴을 포함해서 다중 상속은 여전히 많은 곳에서 사용된다. 또한 파이썬 코어의 일부분이기 때문에 다중 상속을 이해하는 것은 여전히 중요하다.

> 믹신은 둘 이상의 클래스를 상속받는 클래스로 이것들의 기능을 다 합치게 된다.

꼭 알아야 할 것은 클래스는 파이썬에서 객체라는 것이다. 클래스를 만드는 특별한 문법은 이미 익숙하다. class classname(expression of inheritance)이다.

여기서 괄호 안에 있는 것은 클래스의 부모가 되는 클래스 객체의 리스트를 돌려주는 표현식이다. 보통 직접적으로 구체화하지만 다음과 같이 쓸 수도 있다.

```
>>> def parent():
...     return object
...
>>> class A(parent()):
...     pass
...
>>> A.mro()
[<class '__main__.A'>, <type 'object'>]
```

예상한 대로 동작한다. 클래스 A는 object를 자신의 부모 클래스로 정의하였다. 클래스 메서드 mro()는 속성을 결정하기 위한 '메서드 분석 순서(method resolution order, MRO)'를 돌려준다. 지금의 MRO 시스템은 파이썬 2.3에서 처음 구현되었으며 내부적으로 어떻게 동작하는지 파이썬 2.3 릴리스 노트에 설명(https://www.python.org/download/releases/2.3/mro/)되어 있다.

이미 알고 있겠지만 부모 클래스의 메서드를 부르는 적법한 방법은 super() 함수를 사용하는 것이다. 하지만 아마 super()가 사실 생성자이고 호출할 때마다 super 객체를 인스턴스화하고 있음은 몰랐을 것이다. super는 하나 또는 두 개의 인자를 가진다. 첫 번째는 클래스이고, 두 번째는 서브클래스이거나 또는 첫 번째 인자의 인스턴스다.

이 생성자가 돌려주는 객체는 첫 번째 인자의 부모 클래스의 프락시처럼 동작한다. 이 프락시는 MRO 리스트에 있는 클래스를 돌다가 처음 매칭되는 속성을 돌려주는 __getattribute__ 메서드를 가지고 있다.

```
>>> class A(object):
...     bar = 42
...     def foo(self):
...         pass
...
>>> class B(object):
...     bar = 0
...
>>> class C(A, B):
...     xyz = 'abc'
...
>>> C.mro()
[<class '__main__.C'>, <class '__main__.A'>, <class '__main__.B'>, <type 'object'>]
>>> super(C, C()).bar
42
>>> super(C, C()).foo
<bound method C.foo of <__main__.C object at 0x7f0299255a90>>
>>> super(B).__self__
>>> super(B, B()).__self__
<__main__.B object at
```

C 인스턴스의 슈퍼 객체의 속성을 요청하면[5] MRO 리스트를 따라서 그 속성을 가지는 첫 번째 객체의 속성을 돌려준다.

앞의 예에서 바운드된 super 객체를 사용하였다. 두 개의 인자로(즉 C와 C() 또는 B와 B()) super()를 호출하였다. super()를 하나의 인자로 호출하면 바운드되지 않은 super 객체를 돌려준다.

---

5 (옮긴이) 앞의 예에서 super(C, C()).bar나 super(C, C()).foo 호출이 이 작업을 뜻한다.

```
>>> super(C)
<super: <class 'C'>, NULL>
```

이 객체는 바운드되지 않았기 때문에 클래스 속성에 접근할 수 없다.

```
>>> super(C).foo
Traceback (most recent call last):
  File "<stdin>", line 1, in <module>
AttributeError: 'super' object has no attribute 'foo'
>>> super(C).bar
Traceback (most recent call last):
  File "<stdin>", line 1, in <module>
AttributeError: 'super' object has no attribute 'bar'
>>> super(C).xyz
Traceback (most recent call last):
  File "<stdin>", line 1, in <module>
AttributeError: 'super' object has no attribute 'xyz'
```

이런 종류의 super 객체는 전혀 쓸모가 없을 것 같지만 super 클래스는 디스크립터(descriptor) 프로토콜(즉 __get__)을 구현하고 있기 때문에 언바운드된 super 객체를 클래스 속성에 접근하기 위해 사용할 수 있다.

```
>>> class D(C):
...     sup = super(C)
...
>>> D().sup
<super: <class 'C'>, <D object>>
>>> D().sup.foo
<bound method D.foo of <__main__.D object at 0x7f0299255bd0>>
>>> D().sup.bar
42
```

언바운드된 super 객체의 __get__ 메서드는 (super(C).__get__(D(), 'foo')) 같이 인스턴스와 속성 이름을 인자로 호출된다. 호출 결과 foo를 찾을 수 있다.

 디스크립터 프로토콜에 대해 들어보지 못했을지라도 @property 데코레이터를 통해 사용한 적이 있을 것이다. 이 프로토콜은 파이썬 속성이 저장된 객체 대신 다른 것을 돌려줄 수 있게 해준다. 이 프로토콜은 이 책에서 다루진 않지만 파이썬 데이터 모델 문서(https://docs.python.org/2/reference/datamodel.html#implementing-descriptors)에서 자세히 볼 수 있다.

인스턴스 체인에서 서로 다른 메서드 시그너처를 다룰 때와 같이 super를 사용하는 것이 까다로워지는 상황이 있다. 불행히도 모든 메서드에서 인자를 *args, **kwargs로 받는 트릭 같은 것 외엔 이를 위한 완전한 해결책은 없다.

파이썬 3에서 super()는 약간 마법 같은 일을 한다. 메서드 내에서 아무 인자 없이 호출될 수 있다. 아무런 인자도 super()에 넘기지 않으면 자동으로 이를 위해 스택 프레임을 찾는다.

```
class B(A):
    def foo(self):
        super().foo()
```

super는 하위 클래스에서 부모의 속성에 접근하는 표준적이고 항상 써야 하는 방법이다. super를 사용하면 부모 메서드가 호출되지 않거나, 다중 상속을 사용했을 때 여러 번 호출되는 것과 같은 이상 행위 없이 부모 메서드와의 협력적인 호출이 가능하다.

8장

the Hacker's Guide to Python

함수형 프로그래밍

개발자들이 파이썬에 대해 생각할 때 처음 떠오르는 것이 함수형 프로그래밍은 아닐 것이다. 하지만 파이썬은 함수형 프로그래밍을 꽤 상세하게 지원한다. 많은 파이썬 개발자들이 이에 대해 잘 모르는 것은 부끄러운 일이다. 거의 예외 없이 함수형 프로그래밍으로 더 간결하고 효율적인 코드를 만들 수 있다.

함수형 스타일로 코드를 짜면 함수는 부작용(side effect)이 없다. 입력을 받으면 상태를 가지거나 리턴 값에 관련되지 않은 어떤 것도 수정하지 않고 출력을 만들어 낸다. 이러한 이상을 따르는 함수들을 '순수한 함수형'이라고 부른다.

비순수 함수

```
def remove_last_item(mylist):
    """리스트에서 아이템을 삭제한다."""
    mylist.pop(-1) # mylist를 수정한다.
```

순수한 함수

```
def butlast(mylist):
    """리스프의 butlast 함수처럼, 마지막 아이템을 제외한 리스트를 돌려준다."""
    return mylist[:-1] # mylist의 복사본을 돌려준다.
```

함수형 프로그래밍엔 실질적인 장점이 있다.

- 증명 가능성: 물론 이는 순수하게 이론적인 이득이다. 아무도 파이썬 프로그램을 수학적으로 증명하려 하지 않을 것이다.
- 모듈화: 함수형 스타일로 코드를 쓰면 문제를 해결하기 위해 어느 정도 수준으로 코드를 분리하게 되며 다른 상황에서 재사용이 쉬워진다.
- 간결성: 함수형 프로그래밍은 다른 패러다임에 비해 더 간결하다.
- 동시성: 순수한 함수형 함수는 스레드 안전(thread-safe)하고 그래서 동시에 실행될 수 있다. 이것이 파이썬에만 해당되는 것은 아니지만 어떤 함수형 언어는 이것을 자동으로 하며 애플리케이션의 가용성을 높여야 할 때 큰 도움이 된다.
- 테스트 가능성: 함수형 프로그램을 테스트하는 것은 쉽다. 입력과 예상되는 결과만을 설정하면 된다. 또한 멱등성(idempotence)[1]이 있다.

> 진지하게 함수형 프로그래밍에 대해 알고 싶다면 한 가지 조언이 있다. 파이썬을 잠시 멈추고 리스프(Lisp)를 배워보길 권한다. 파이썬 책에서 리스프에 대해 말하기가 약간 이상하다는 것은 알지만 몇 년의 리스프 경험은 나에게 '함수형 사고'를 어떻게 하는지 가르쳐 주었다. 이전의 경험이 전부 명령형과 객체 지향형 프로그래밍이었다면 사고의 흐름을 모두 함수형으로 바꾸는 것은 어렵다. 리스프는 순수한 함수형 언어는 아니지만 파이썬보다 훨씬 더 함수형 프로그래밍에 집중되어 있다.

8.1 제네레이터

제네레이터(generator)는 StopIteration 예외를 발생하기 전까지 next() 메서드가 호출될 때마다 결과를 돌려주는 객체다. PEP 255(http://www.python.org/dev/peps/pep-0255/)에 처음 소개되었으며 간편하게 이터레이터 프로토콜[2]을 구현하는 객체를 만들 수 있다.

제네레이터를 만들려면 yield 문이 있는 보통 파이썬 함수를 만들면 된

---

1 (옮긴이) 멱등성은 연산을 여러 번 적용하더라도 결과가 달라지지 않는 성질을 뜻한다. 예를 들어 REST(REpresentational State Transfer)에선 HTTP의 GET에 멱등성이 있어야 한다고 정의한다.
2 (옮긴이) 이터레이터 프로토콜은 꼭 리스트 타입이 아닌 어떤 객체라도 반복 가능하게 만들 수 있는 프로토콜이며 정의는 https://docs.python.org/2/library/stdtypes.html#iterator-types에서 볼 수 있다. 파이썬에선 어떤 클래스라도 이터레이터 프로토콜에 정의된 메서드를 구현하여 '이터레이터'가 될 수 있는데 제네레이터는 이를 만드는 가장 간단한 방법이다.

다. 파이썬은 함수에 yield가 쓰였음을 발견하고 그 함수를 제네레이터로 태그(tag)[3]한다. 함수가 실행되는 중에 yield 문에 닿으면 그 값을 return 문처럼 돌려줄 것이다. 여기서 한 가지 다른 점은 인터프리터가 그 스택을 저장하고 다음 차례에 next가 불리면 함수 수행을 재개하게 된다는 것이다.

제네레이터 만들기

```
>> def mygenerator():
...     yield 1
...     yield 2
...     yield 'a'
...
>>> mygenerator()
<generator object mygenerator at 0x10d77fa50>
>>> g = mygenerator()
>>> next(g)
1
>>> next(g)
2
>>> next(g)
'a'
>>> next(g)
Traceback (most recent call last):
  File "<stdin>", line 1, in <module>
StopIteration
```

inspect.isgeneratorfunction을 사용하면 함수가 제네레이터인지 검사할 수 있다.

```
>>> import inspect
>>> def mygenerator():
...     yield 1
...
>>> inspect.isgeneratorfunction(mygenerator)
True
>>> inspect.isgeneratorfunction(sum)
False
```

inspect.isgeneratorfunction의 소스를 보면 앞서 언급한 제네레이터 함수

---

3 (옮긴이) yield가 쓰인 함수를 제네레이터로 인식하기 위해 함수에 어떤 태그를 붙이는데 조금 있다 이에 대한 코드를 볼 수 있다

에 있는 태그도 확인할 수 있다.

inspect.isgeneratorfunction 소스 코드

```
def isgeneratorfunction(object):
    """객체가 사용자가 정의한 제네레이터 함수이면 참을 반환한다.

    제네레이터 함수는 함수와 같은 속성을 제공한다.

    속성 목록은 help(isfunction)을 보라."""
    return bool((isfunction(object) or ismethod(object)) and
                object.func_code.co_flags & CO_GENERATOR)
```

파이썬 3는 다른 유용한 함수, inspect.getgeneratorstate를 제공한다.

```
>>> import inspect
>>> def mygenerator():
...     yield 1
...
>>> gen = mygenerator()
>>> gen
<generator object mygenerator at 0x7f94b44fec30>
>>> inspect.getgeneratorstate(gen)
'GEN_CREATED'
>>> next(gen)
1
>>> inspect.getgeneratorstate(gen)
'GEN_SUSPENDED'
>>> next(gen)
Traceback (most recent call last):
  File "<stdin>", line 1, in <module>
StopIteration
>>> inspect.getgeneratorstate(gen)
'GEN_CLOSED'
```

이 함수는 제네레이터의 현재 상태를 알려주어서 제네레이터가 처음 시작되길 기다리는 것인지(GEN_CREATED), 인터프리터에 의해 실행 중인지(GEN_RUNNING), next() 호출에 의해 재개되길 기다리고 있는지(GET_SUSPENDED), 아니면 실행을 완료했는지(GET_CLOSED) 알 수 있다.

파이썬에서 제네레이터는 함수가 어떤 것을 yield할 때 스택의 레퍼런스를 가지고 있다가 next()가 다시 호출될 때 이 스택을 복원한다.

어떤 종류의 데이터든지 반복을 한다면 흔히 전체 데이터를 리스트로 만드는 데 메모리 점유 측면에서 낭비가 되기도 한다. 예를 들어 1과

10,000,000 사이의 숫자 중 50,000을 찾는다고 해 보자. 쉽지 않은가? 어렵게 만들기 위해 파이썬을 128MB 메모리로 제약해서 실행해 보자.

```
$ ulimit -v 131072
$ python
>>> a = list(range(10000000))
Traceback (most recent call last):
  File "<stdin>", line 1, in <module>
MemoryError
```

이런. 겨우 128MB의 메모리로는 1000만 개 아이템을 가진 리스트를 만들 수 없는 것 같다.

 파이썬 3에서 range()는 제네레이터를 리턴한다. 파이썬 2에선 이를 위해 xrange()를 써야 한다. 이 함수는 파이썬 3에서 없어졌다.

이제 제네레이터를 사용해 보자.

```
$ python
>>> for value in xrange(10000000):
...     if value == 50000:
...         print("Found it")
...         break
...
Found it
```

이제 프로그램이 아무 문제없이 작동한다. range() 함수는 정수를 동적으로 생성하는 반복 가능한 객체를 돌려준다. 실제로 우리는 5만 번째 숫자에 관심이 있으므로 제네레이터는 오직 5만 개의 숫자만을 생성한다.

제네레이터는 값이 필요한 즉시 생성하여 큰 데이터를 적은 메모리와 계산으로 다룰 수 있게 해준다. 많은 양의 값을 다루어야 할 때는 언제나 제네레이터를 써서 효율적으로 작업할 수 있다.

yield는 또한 흔히 사용되는 기능은 아니지만 함수 호출과 같이 값을 돌려줄 수 있다. send() 메서드를 사용해서 값을 제네레이터에 넘기는 것이 가능하다.

예 8.1 값을 리턴하는 yield

```python
def shorten(string_list):
    length = len(string_list[0])
    for s in string_list:
        length = yield s[:length]

mystringlist = ['loremipsum', 'dolorsit', 'ametfoobar']
shortstringlist = shorten(mystringlist)
result = []
try:
    s = next(shortstringlist)
    result.append(s)
    while True:
        number_of_vowels = len(filter(lambda letter: letter in
            'aeiou', s))
        # 다음 차례의 문자열을 모음 개수에 따라 잘라낸다.
        s = shortstringlist.send(number_of_vowels)
        result.append(s)
except StopIteration:
    pass
```

이 예에서 문자열 리스트를 받아서 일부가 잘린 문자열의 리스트를 돌려주는 shorten 함수를 만들었다. 각 문자열 크기는 이전 문자열에 있는 모음 숫자로 결정된다. 'loremipsum'은 네 개의 모음이 있기 때문에 제네레이터가 생성하는 두 번째 문자열은 'dolorist'에서 처음 네 개의 글자, 'dolo' 만을 생성하고, 이 글자는 두 개의 모음만 있기 때문에 'ametfoobar'에서 처음 두 글자 'am' 외의 나머지는 버려진다. 그리고 제네레이터가 멈추고 StopIteration 예외를 일으킨다. 결과적으로 제네레이터가 돌려주는 값은 다음과 같다.

['loremipsum', 'dolo', 'am']

이렇게 yield와 send()를 쓰면 파이썬 제네레이터를 루아(Lua)나 다른 언어의 코루틴과 같이 사용할 수 있다.

> PEP 289(http://legacy.python.org/dev/peps/pep-0289/)는 제네레이터 표현식을 소개하였다. 리스트 해석과 같이 한 줄로 제네레이터를 만들 수 있다.
>
> ```
> >>> (x.upper() for x in ['hello', 'world'])
> <generator object <genexpr> at 0x7ffab3832fa0>
> >>> gen = (x.upper() for x in ['hello', 'world'])
> ```

```
>>> list(gen)
['HELLO', 'WORLD']
```

8.2 리스트 해석

리스트 해석(list comprehension)은 하나의 선언으로 리스트의 콘텐츠를 정의할 수 있게 해준다.

리스트 해석이 없을 경우

```
>>> x = []
>>> for i in (1, 2, 3):
...     x.append(i)
...
>>> x
[1, 2, 3]
```

리스트 해석을 쓸 경우

```
>>> x = [i for i in (1, 2, 3)]
>>> x
[1, 2, 3]
```

다수의 for 문과 필터링을 위한 if 문을 같이 사용할 수도 있다.

```
x = [word.capitalize()
    for line in ("hello world?", "world!", "or not")
    for word in line.split()
    if not word.startswith("or")]
>>> x
['Hello', 'World?', 'World!', 'Not']
```

for 대신 리스트 해석을 사용하면 리스트를 간편하고 세련되게 정의할 수 있다. 리스트 해석을 사용하면 이 장의 주제인 함수형 프로그래밍의 목적과 맞게 프로그램 상태에 의존하지 않고 리스트를 만들 수 있다.[4] 이것은 일반적으로 더 간결하고 읽기 쉬운 코드를 만들 수 있게 해준다.

---

4 기술적으론 프로그램 상태에 의존할 수 있지만 리스트 해석은 그렇게 쓰기 위해 만들어지지 않았다.

딕셔너리를 만드는 것 또한 같은 방식으로 할 수 있다.

```
>>> {x:x.upper() for x in ['hello', 'world']}
{'world': 'WORLD', 'hello': 'HELLO'}
>>> {x.upper() for x in ['hello', 'world']}
set(['WORLD', 'HELLO'])
```

이것은 파이썬 2.7 이상부터 가능하다

8.3 함수형, 함수들, 함수화

파이썬에는 함수형 프로그래밍을 위한 많은 도구가 있다. 다음 표준 함수들은 기본적인 것들을 다룰 수 있다.

- map(function, iterable)은 function을 iterable의 각 아이템을 사용해 호출하고 파이썬 2에서는 결과를 리스트로, 파이썬 3에서는 반복 가능한 map 객체를 돌려준다.

파이썬 3에서 map 사용

```
>>> map(lambda x: x + "bzz!", ["I think", "I'm good"])
<map object at 0x7fe7101abdd0>
>>> list(map(lambda x: x + "bzz!", ["I think", "I'm good"]))
['I thinkbzz!', "I'm goodbzz!"]
```

- filter(function or None, iterable)는 iterable의 아이템을 function의 결과에 근거해 필터링하고 파이썬 2에서는 리스트를, 파이썬 3에서는 반복 가능한 filter 객체를 돌려준다.

예 8.2 파이썬 3에서 filter 사용

```
>>> filter(lambda x: x.startswith("I "), ["I think", "I'm good"])
<filter object at 0x7f9a0d636dd0>
>>> list(filter(lambda x: x.startswith("I "), ["I think", "I'm good"]))
['I think']
```

제네레이터와 리스트 해석을 이용해서 filter나 map 같은 일을 할 수 있다.

리스트 해석을 써서 map과 같은 일하기

```
>>> (x + "bzz!" for x in ["I think", "I'm good"])
<generator object <genexpr> at 0x7f9a0d697dc0>
>>> [x + "bzz!" for x in ["I think", "I'm good"]]
['I thinkbzz!', "I'm goodbzz!"]
```

리스트 해석을 써서 filter와 같은 일하기

```
>>> (x for x in ["I think", "I'm good"] if x.startswith("I "))
<generator object <genexpr> at 0x7f9a0d697dc0>
>>> [x for x in ["I think", "I'm good"] if x.startswith("I ")]
['I think']
```

이렇게 제네레이터를 사용하면 파이썬 2에서도 파이썬 3처럼 리스트 대신 반복 가능한 객체를 만들 수 있다.

- enumerate(iterable[, start])는 반복 가능한 enumerate 객체를 돌려주며 이 객체는 튜플을 yield한다. 튜플은 정수 인덱스와(start 인자를 주었다면 start부터 시작한다) iterable에서 정수 인덱스에 해당하는 아이템으로 구성된다. 배열의 인덱스를 필요로 하는 코드를 짤 때 유용하다. 예를 들어 다음과 같은 코드를

```
i = 0
while i < len(mylist):
    print("Item %d: %s" % (i, mylist[i]))
    i += 1
```

이와 같이 쓸 수 있다.

```
for i, item in enumerate(mylist):
    print("Item %d: %s" % (i, item))
```

- sorted(iterable, key=None, reverse=False)는 정렬된 iterable을 돌려준다. key 인자로 정렬에 사용할 함수를 넘길 수 있다.
- any(iterable)과 all(iterable)은 모두 iterable의 값에 따라 불리언(boolean) 값을 돌려준다. 이 함수들은 다음과 같다.

```
def all(iterable):
    for x in iterable:
        if not x:
            return False
    return True
```

```
def any(iterable):
    for x in iterable:
        if x:
            return True
    return False
```

이 함수들은 iterable의 값들이 전부 또는 하나라도 조건을 충족하는지 검사할 때 쓸 수 있다.

```
mylist = [0, 1, 3, -1]
if all(map(lambda x: x > 0, mylist)):
    print("All items are greater than 0")
if any(map(lambda x: x > 0, mylist)):
    print("At least one item is greater than 0")
```

- zip(iter1, [,iter2 [...]])은 다수의 리스트를 받아서 튜플들로 결합한다. 키 목록과 값 목록을 딕셔너리로 바꿀 때 유용하며, 앞의 다른 함수들처럼 파이썬 2에선 리스트를 돌려주고 파이썬 3에선 반복 가능한 객체를 돌려준다.

```
>>> keys = ["foobar", "barzz", "ba!"]
>>> map(len, keys)
<map object at 0x7fc1686100d0>
>>> zip(keys, map(len, keys))
<zip object at 0x7fc16860d440>
>>> list(zip(keys, map(len, keys)))
[('foobar', 6), ('barzz', 5), ('ba!', 3)]
>>> dict(zip(keys, map(len, keys)))
{'foobar': 6, 'barzz': 5, 'ba!': 3}
```

이제 파이썬 2와 파이썬 3 함수들의 리턴 타입이 다르다는 사실을 알게 되었을 것이다. 파이썬 2에서 순수한 함수형 내장 함수들은 리스트를 돌려주어 같은 함수의 파이썬 3 버전보다 메모리를 비효율적으로 사용하므로 이러한 함수들을 사용해서 코드를 만들면 파이썬 3를 쓰는 것이 가장 효율적이다. 하지만 파이썬 2에 묶여 있어야 하더라도 실망하지 말자. 표준 라이브러리에 있는 itertools 모듈은 이러한 함수들의 이터레이터 버전을 가지고 있다(itertools.izip, itertoolz.imap, itertools.ifilter 등).

여기서 빠진 한 가지 중요한 함수가 있다. 흔히 하는 작업으로 조건을 만족하는 첫 번째 아이템을 리스트에서 가지고 오고 싶을 때가 있다. 보통 다음과 같은 함수로 만들 수 있다.

```python
def first_positive_number(numbers):
    for n in numbers:
        if n > 0:
            return n
```

이를 함수형 스타일로 바꿔보자.

```python
def first(predicate, items):
    for item in items:
        if predicate(item):
            return item

first(lambda x: x > 0, [-1, 0, 1, 2])
```

또는 더 간결하게 만들 수 있다.

```python
# 덜 효율적
list(filter(lambda x: x > 0, [-1, 0, 1, 2]))[0]  ①
# 파이썬 3에서 효율적
next(filter(lambda x: x > 0, [-1, 0, 1, 2]))
# 파이썬 2에서 효율적
next(itertools.ifilter(lambda x: x > 0, [-1, 0, 1, 2]))
```

① 이 코드는 조건을 충족하는 아이템이 없으면 list(filter())가 빈 리스트를 돌려주기 때문에 IndexError를 낼 수도 있다.

이 함수를 우리가 만드는 모든 프로그램에서 재작성하는 대신 first(https://pypi.python.org/pypi/first)라는 파이썬 패키지를 재사용할 수 있다.

예 8.3 first 모듈 사용

```
>>> from first import first
```

```
>>> first([0, False, None, [], (), 42])
42
>>> first([-1, 0, 1, 2])
-1
>>> first([-1, 0, 1, 2], key=lambda x: x > 0)
1
```

key 인자는 조건을 만족하는지 검사하기 위해 불리언 값을 돌려주는 함수를 넘기는 데 사용된다.

이 예제에서 lambda가 비중 있게 사용된 것을 보았을 것이다. 파이썬에서 map과 filter 같은 함수형 프로그래밍 기법을 촉진시키기 위해 lambda가 추가되었다. lambda가 없으면 매번 다른 조건을 체크하기 위해 새 함수를 만들어야 했을 것이다.

```
import operator
from first import first

def greater_than_zero(number):
    return number > 0

first([-1, 0, 1, 2], key=greater_than_zero)
```

이 코드는 이전 버전과 동일하지만 약간 더 성가시다. 예를 들어 42보다 큰 첫 번째 아이템을 찾는다면 새롭게 def로 함수를 만들어야 할 것이다.

그러나 이러한 유용함에도 불구하고 lambda 역시 단점이 있다. 가장 명백한 문제는, 한 줄 이상이 필요한 함수는 lambda를 이용해 key 인자로 넘길 수 없다. 이러한 상황에선 다시 새 함수 정의를 하는 번거로운 패턴으로 돌아가게 된다. 다른 대안이 있을까?

functools.partial은 lambda를 더 유연한 방법으로 대체하기 위한 시작점이다. partial은 함수의 행위를 변경하는 게 아니라 함수가 필요로 하는 인자를 변경하는 트릭으로 래퍼 함수를 만들 수 있게 해준다.

```
from functools import partial
from first import first

def greater_than(number, min=0):
    return number > min
```

```
first([-1, 0, 1, 2], key=partial(greater_than, min=42))
```

이 새 greater_than 함수는 이전의 greater_than_zero와 정확히 똑같이 동작하지만 우리가 비교하길 원하는 숫자를 지정해 줄 수 있다. 이 경우에 함수와 min에 원하는 값을 functools.partial에 넘기면 min을 42로 대체한 새로운 함수를 만들 수 있다. 즉 어떤 상황이든 functools.partial을 사용해서 만든 함수를 필요에 맞게 커스트마이징할 수 있다.

하지만 여전히 정확히 원하는 것보다 두어 줄이 많다. 이 예에서 원하는 것은 그저 두 숫자를 비교하는 것이다. 파이썬이 이러한 비교를 위한 내장 함수를 가지고 있다면 어떨까? 사실 operator 모듈이 우리가 찾는 것을 가지고 있다.

```
import operator
from functools import partial
from first import first

first([-1, 0, 1, 2], key=partial(operator.le, 0))
```

여기서 functools.partial이 키워드 인자뿐 아니라 순서를 가진 인자에도 쓸 수 있음을 볼 수 있다. operator.le(a, b)는 두 숫자를 받아서 첫 번째 인자가 두 번째 인자보다 같거나 작은지 비교하며, 0이 functools.partial에 의해 a에 들어가며 인자 하나 b만을 받는 새 함수가 만들어져서 key에 넘어간다. 즉 이것은 lambda나 다른 함수를 정의할 필요 없이 이전의 코드와 정확히 동일하게 동작한다.

 functools.partial은 lambda를 대체하기에 안성맞춤이며 더 뛰어난 대안으로 인정받는다. 함수 내용(body)을 하나의 긴 표현식으로 제한하는 lambda는 이제 파이썬 언어에서 이형적인 것으로 취급되는 추세다(그리고 파이썬 3에서 제거될 계획도 있었지만 죽음의 운명에서 가까스로 벗어났다). 반면에 functools.partial은 기존 함수의 좋은 래퍼가 될 수 있게 만들어졌다.

파이썬 표준 라이브러리의 itertools 모듈은 기억해 둘 만한 함수를 많이 제공한다. 나는 많은 개발자들이 파이썬이 이러한 함수를 기본적으로 제공함에도 자신들만의 함수를 만드는 것을 많이 봤다.

- chain(*iterables)는 다수의 반복 가능한 객체를 전체 아이템을 다 가지는 리스트를 만들지 않고 반복할 수 있게 해준다.
- combinations(iterable, r)은 iterable에서 r까지의 콤비네이션을 생성한다.
- compress(data, selectors)는 selectors의 참거짓 값들을 data에 대응하여 selectors의 값이 참인 data만 돌려준다.[5]
- count(start, step)은 start에서 시작해서 step만큼 값이 커지는 무한의 시퀀스를 생성한다.
- cycle(iterable)은 iterable의 값을 반복 순환한다.
- dropwhile(predicate, iterable)은 iterable의 처음에서 predicate가 거짓일 때까지를 필터링한다.
- groupby(iterable, keyfunc)는 keyfunc 함수에서 돌려준 결과에 의해 이터레이터 그루핑(grouping) 아이템을 만든다.
- permutations(iterable[, r])은 iterable에서 r 크기의 치환 가능한 연속 값들을 돌려준다.
- product(*iterables)는 iterables의 카르테시안(cartesian) 곱의 순환 객체를 중첩되는 for 루프를 만들지 않고 돌려준다.
- takewhile(predicate, iterable)은 처음부터 predicate가 거짓일 때까지의 아이템을 돌려준다.

이 함수들은 operator 모듈과 함께 사용할 때 특히 유용하다. itertools와 operator를 같이 쓰면 프로그래머들이 lambda에 의존하는 대부분의 상황을 처리할 수 있다.

예 8.4 operator 모듈과 itertools.groupby 같이 사용하기[6]

```
>>> import itertools
```

---

[5] (옮긴이) 설명을 보면 filter와 비슷해 보이지만 filter는 참거짓을 가리기 위한 함수를 필요로 하며 compress는 참거짓 값의 리스트를 받는다. 즉 compress('ABC', [1,0,1])은 'AC'를 돌려준다.

[6] (옮긴이) 예제가 설명하고자 하는 groupby의 장점이 잘 이해되지 않는다면, 예제의 마지막 groupby 호출에서 [(key, list(group)) for key, group in itertools.groupby(a, operator.itemgetter('foo'))]와 같이 마지막 list() 호출을 제거하면 [('bar', [{'foo': 'bar'}, {'foo': 'bar', 'x': 42}]), ('baz', [{'foo': 'baz', 'y': 43}])]와 같이 좀 더 직관적인 결과를 얻을 수 있다.

```
>>> a = [{'foo': 'bar'}, {'foo': 'bar', 'x': 42}, {'foo': 'baz', 'y':
43}]
>>> import operator
>>> list(itertools.groupby(a, operator.itemgetter('foo')))
[('bar', <itertools._grouper object at 0xb000d0>), ('baz',
    <itertools._grouper object at 0xb00110>)]
>>> [(key, list(group)) for key, group in list(itertools.groupby(a,
    operator.itemgetter('foo')))]
[('bar', []), ('baz', [{'y': 43, 'foo': 'baz'}])]
```

이 예를 lambda x: x['foo']를 써서 만들 수도 있지만 operator를 쓰면 lambda를 전혀 쓰지 않을 수 있다.

9장

the Hacker's Guide to Python

AST

AST는 추상 구문 트리(Abstract Syntax Tree)의 약자다. 모든 프로그래밍 언어는 소스 코드를 추상화한 구조를 트리로 표현한다. 파이썬도 소스 파일을 파싱하여 소스의 AST를 만든다.

파이썬에서 이 부분은 문서화가 덜 되어서 한눈에 파악하기 쉽지 않다. 하지만 파이썬 내부의 구조물을 이해하는 것도 흥미로운 일이다.

파이썬 AST가 어떻게 생겼는지 보기 위한 가장 쉬운 방법은 파이썬 코드를 파싱해서 생성된 AST를 덤프해 보는 것이다. 파이썬의 ast 모듈에 이를 위해 필요한 모든 것이 있다.

예 9.1 파이썬 코드를 AST로 파싱하기

```
>>> import ast
>>> ast.parse
<function parse at 0x7f062731d950>
>>> ast.parse("x = 42")
<_ast.Module object at 0x7f0628a5ad10>
>>> ast.dump(ast.parse("x = 42"))
"Module(body=[Assign(targets=[Name(id='x', ctx=Store())], value=Num(
    n=42))])"
```

ast.parse 함수는 트리의 루트인 _ast.Module 객체를 돌려준다. 트리는 ast.dump를 사용해서 전부 덤프할 수 있다. 앞의 경우 다음과 같다.

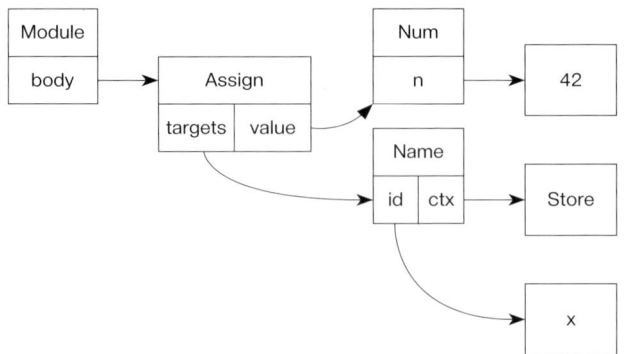

AST 구축은 항상 루트부터 시작되며 루트는 보통 ast.Module 객체다. 이 객체는 body 속성 값을 만들어 낼 수 있는 구문과 표현식의 리스트를 가지고 있다. 보통 파일 내용을 표현한 것이다.

ast.Assign 객체는 심벌 =에 대응되는 대입문의 표현형이다. Assign 역시 타깃 리스트가 있고 대입할 값이 있다. 이 예에서 타깃 리스트는 하나의 ast.Name 타입 객체이고 이것은 변수 x를 표현한다. 값은 42가 될 숫자다.

파이썬은 이 AST를 받아서 컴파일하고 값을 구한다(evaluate). 파이썬에서 기본으로 제공하는 compile 함수가 이 역할을 한다.

```
>>> compile(ast.parse("x = 42"), '<input>', 'exec')
<code object <module> at 0x111b3b0, file "<input>", line 1>
>>> eval(compile(ast.parse("x = 42"), '<input>', 'exec'))
>>> x
42
```

이렇게 ast 모듈이 제공하는 클래스를 이용하면 수동으로 AST를 구축할 수 있다. 물론 이는 파이썬 코드를 작성하기 위해 추천하는 방법은 아니지만 흥미로운 사용법이 있다.

AST를 이용해서 친숙한 "Hello World!"를 만들어 보자.

예 9.2 파이썬 AST를 이용한 Hello World

```
>>> hello_world = ast.Str(s='hello world!', lineno=1, col_offset=1)
>>> print_call = ast.Print(values=[hello_world], lineno=1,
    col_offset=1, nl=True)
>>> module = ast.Module(body=[print_call])
```

```
>>> code = compile(module, '', 'exec')
>>> eval(code)
hello world!
```

 lineno와 col_offset은 파일에서 AST를 만드는 데 사용되는 코드의 줄과 열을 표현한다. 여기선 실제 소스 파일을 파싱하지 않기 때문에 큰 의미가 없지만 생성된 AST에서 원래 코드의 위치를 찾을 수 있기 때문에 유용할 수 있다. 예를 들어 파이썬의 백트레이스는 이 기능을 사용하여 만들어진다. 어쨌건 파이썬은 이 값을 제공하지 않는 AST를 컴파일하지 않기 때문에 임시로 1을 사용하였다. ast.fix_missing_locations() 함수는 부모 노드의 값을 이 속성들이 비어 있는 노드에 채워 넣어서 이 문제를 해결할 수 있게 해준다.

AST에서 사용 가능한 전체 객체 목록은 _ast 모듈 문서를 읽으면 쉽게 알 수 있다(_ 접두사가 있음에 주의하자).

우선 AST를 이해하기 위해 고려해야 하는 두 개는 구문(statement)과 표현식(expression)이다. 구문은 assert, assign(=), augmented assigend(+=, /=, 등), global, def, if, return, for, class, pass, import 등을 포함하며 모두 ast.stmt를 상속받는다. 표현식은 lambda, number, yield, name(변수), compare나 call을 포함하며 모두 ast.expr을 상속받는다.

ast.operator는 add(+), div(/), right shift(>>) 같은 표준 오퍼레이터를 포함하며 비교 오퍼레이터를 정의하는 ast.cmpop도 있다.

이제 어떤 문자열을 파싱해서 파이썬 AST를 구축하는 것으로 파이썬 코드를 생성할 수 있음을 어렵지 않게 상상할 수 있을 것이다. 정확히 이것이 9.1에서 알아볼 Hy 프로젝트가 하는 일이다.

이 경우 트리를 순환할 필요가 있는데 ast.walk 함수를 통해 할 수 있다. ast 모듈은 NodeTransformer의 서브 클래스가 AST를 순환하면서 노드를 수정할 수 있게도 해준다. 이를 이용해서 코드를 동적으로 변경할 수 있다.

예 9.3 모든 바이너리 연산을 더하기로 바꾸기

```
import ast

class ReplaceBinOp(ast.NodeTransformer):
    """모든 바이너리 연산자를 더하기 연산자로 바꾸기"""
    def visit_BinOp(self, node):
```

```
            return ast.BinOp(left=node.left,
                             op=ast.Add(),
                             right=node.right)

tree = ast.parse("x = 1/3")
ast.fix_missing_locations(tree)
eval(compile(tree, '', 'exec'))
print(ast.dump(tree))
print(x)
tree = ReplaceBinOp().visit(tree)
ast.fix_missing_locations(tree)
print(ast.dump(tree))
eval(compile(tree, '', 'exec'))
print(x)
```

실행 결과는 다음과 같다.

```
Module(body=[Assign(targets=[Name(id='x', ctx=Store())],
                    value=BinOp(left=Num(n=1), op=Div(),
                    right=Num(n=3)))])
0.3333333333333333
Module(body=[Assign(targets=[Name(id='x', ctx=Store())],
                    value=BinOp(left=Num(n=1), op=Add(),
                    right=Num(n=3)))])
4
```

> 단순한 데이터 타입을 돌려주는 파이썬 문자열에서 값을 구하고 싶다면 ast.literal_eval을 사용할 수 있다. 모든 문자열을 무조건 실행하는 eval의 안전한 대안으로 사용할 수 있다.

9.1 Hy

이제 AST에 대해 알았으니 어떤 문법을 만들고 이것을 파싱하여 표준 파이썬 AST로 컴파일하는 것을 상상할 수 있을 것이다. Hy(http://hylang.org) 프로그래밍 언어가 하는 일이 정확히 이것이다. Hy는 리스프와 흡사한 언어를 파싱하여 보통의 파이썬 AST로 바꾸기 때문에 파이썬 생태계와 완전히 호환된다. Clojure(http://clojure.org) 대 자바의 관계와 흡사하다. Hy는 그 자체로 책 한 권으로 다룰 만한 가치가 있으나 이 절에선 가볍게 다루겠다.

리스프를 사용해 본 적이 있다면(아니라면 고려해 보길 바란다) Hy 문법은 친숙해 보일 것이다. Hy를 설치하고 hy 인터프리터를 실행하면 인터프리터와 상호 작용할 수 있는 REPL 프롬프트를 볼 수 있다.

```
% hy
hy 0.9.10
=> (+ 1 1)
2
```

리스프에 친숙하지 않은 사람을 위해 앞의 코드를 설명하면 괄호는 리스트를 의미하며 괄호 내의 첫 번째는 함수, 나머지는 모두 인자가 된다. 이 코드는 파이썬의 1 + 1과 같다.

함수 정의와 같은 대부분의 코드는 파이썬과 바로 매핑된다. 값을 저장하는 기능은 setv 함수를 사용한다.

```
=> (defn hello [name]
...  (print "Hello world!")
...  (print (% "Nice to meet you %s" name)))
=> (hello "jd")
Hello world!
Nice to meet you jd
```

내부적으로 Hy는 앞의 코드를 파싱해서 파이썬 AST로 컴파일한다. 다행히도 리스프는 각 괄호 짝이 리스트 트리의 노드가 되기 때문에 파싱이 쉬운 언어다. 필요한 일은 이 리스프 트리를 파이썬 AST로 바꾸는 것이다.

클래스 정의는 defclass 문을 통해 가능하며 이는 CLOS와 흡사하다.

```
(defclass A [object]
  [[x 42]
   [y (fn [self value]
        (+ self.x value))]])
```

앞의 코드는 object를 상속받는 클래스 A를 정의하며, 속성 x는 42이며 메서드 y는 x와 인자로 넘어온 값을 더하여 돌려준다.

어떤 파이썬 라이브러리든지 바로 Hy로 불러와서 아무 문제없이 사용할 수 있다.

```
=> (import uuid)
=> (uuid.uuid4)
```

```
UUID('f823a749-a65a-4a62-b853-2687c69d0e1e')
=> (str (uuid.uuid4))
'4efa60f2-23a4-4fc1-8134-00f5c271f809'
```

Hy는 또한 많은 고급 구문과 매크로를 지원한다. case나 swich 문 같은 걸 파이썬에서 하고 싶었다면 cond를 좋아할 것이다.

```
(cond
 ((> somevar 50)
  (print "That variable is too big!"))
 ((< somevar 10)
  (print "That variable is too small!"))
 (true
  (print "That variable is jusssst right!")))
```

Hy는 익숙한 파이썬에서 너무 멀어지지 않고 리스프 세계로 떠날 수 있는 좋은 프로젝트다. hy2py는 Hy 코드를 파이썬으로 번역하는 것도 가능하다(물론 제약들이 있다).

9.2 폴 태글리아몬트 인터뷰

폴 태글리아몬트(Paul Tagliamonte)는 선라이트 재단(Sunlight Foundation)에서 일하는 데비안 개발자다. 리스프 언어를 사랑했던 그는 2013년에 Hy를 만들었고 나도 얼마 후에 이 엄청난 모험에 합류하였다.

처음 Hy를 만든 이유는 무엇인가?

처음에는 누군가 JVM으로 컴파일되는 리스프(Clojure) 대신 파이썬으로 컴파일되는 것이 있어야 한다는 대화를 따라가다 만들었다. 며칠 후 Hy의 첫 번째 버전을 만들었
는데 리스프와 흡사하고 진짜 리스프처럼 동작했지만 느렸다. 내 말은, 정말 느렸다. 리스프 런타임이 파이썬으로 구현되었기 때문에 네이티브 파이썬보다도 훨씬 느렸다.

좌절스러운 결과에 나는 거의 포기했는데 한 동료가 나를 격려하면서 런타임을 파이썬으로 만들지 말고 AST를 써서 구현하면 좋을 것이라고 조언해 주었다. 이 놀라운 아이디어가 프로젝트 전체에 활기를 불어넣었다. 지금까지 언급한 일이 2012년 휴가 전에 있었고 전체 휴가를 Hy를 만드는 데 사용하였다. 한 주쯤 후, 나는 지금 Hy 개발자들이 컴파일러로 사용하는 코드와 아주 가까운 것을 만들었다.

단순한 플래스크 애플리케이션을 구현할 수 있을 정도로 진행된 다음, 보스턴 파이썬 그룹에서 이 프로젝트에 대해 발표하였는데 정말 놀라운 호평을 받았다. 그러자 Hy가 사람들에게 REPL이 어떻게 동작하는지를 가르치고(code.InteractiveConsole), PEP 302의 임포트 후킹 기능과 파이썬 AST 같이 파이썬 내부를 가르치는 좋은 방법으로 보이기 시작했다. 또한 코드를 만드는 코드 개념에 대한 좋은 예제다.

발표 후에 몇 가지 부분이 마음에 들지 않아서 컴파일러의 일부분을 몇몇 철학적인 이슈를 고치기 위해 재작성하였고 이것이 지금까지 쓰고 있는 코드베이스가 되었다.

Hy는 사용자들이 s-표현식(s-expression)[1]을 지금까지 써온 라이브러리들과 함께 편안한 환경에서 익힐 수 있기 때문에 리스프 코드를 배울 수 있는 좋은 방법이며 새로운 아이디어(매크로 시스템이나 동형성(homo-iconicity)[2], 절(statement)의 개념이 없이 코딩하기)를 실험해 보며 다른 진짜 리스프, 커먼 리스프나 스킴(Scheme) 또는 Clojure로 옮겨 가기에 쉽다.

AST를 올바르게 사용하는 방법을 어떻게 알아냈는가? AST를 쓰려는 사용자에게 줄 수 있는 조언과 팁이 있다면?

파이썬 AST는 상당히 흥미롭다. 비공개는 아니지만(명시적으로 비공개가 아니다) 공개 인터페이스라고 보기도 어렵다. 여러 버전에서 안정성이 보장되지도 않고 사실 파이썬 2와 3 사이에 성가신 차이점들도 꽤 있으며 심

---

[1] (옮긴이) s-표현식은 주로 리스프의 소스 코드와 같은 형태를 가리키는 말로 구조적인 데이터를 사람이 읽을 수 있는 텍스트 형태로 나타내는 표현식이다. 괄호를 사용하며 소스 코드가 데이터가 되는 리스프는 모두 s-표현식이다.

[2] (옮긴이) 동형성은 프로그램의 표현형이 다른 원시 타입과 마찬가지의 데이터 구조 중 하나임을 뜻하는 말로 앞에서 언급한 s-표현식의 특성과 흡사하다. 리스프는 함수 표현과 자료 구조 표현이 모두 동일한 리스프 형식인 동형(homoiconic) 언어다.

지어 파이썬 3 릴리스들 사이에서도 다르다. 게다가 기본 구현들은 AST를 다르게 해석하거나 그들만의 AST가 있다. Jython, PyPy 또는 CPython이 파이썬 AST를 모두 동일한 방식으로 처리해야 한다고 말하는 곳은 어디에도 없다.

예를 들어 CPython은 lineno와 col_offset에서 정의되는 원래 코드의 위치와 AST의 순서가 일치하지 않아도 어느 정도 돌아가지만 PyPy는 assertion error를 발생시킨다. 이렇게 때때로 성가시긴 하지만 AST는 전반적으로 정상적이다. 다양한 파이썬 구현과 동작하는 AST를 만드는 것이 불가능하지는 않다. CPython 2.6에서 3.3까지 그리고 PyPy를 포함하여 동작하는 AST를 만드는 건 상당히 성가신 작업이지만 Hy를 꽤 편리하게 만들어준다.

AST는 거의 문서화되지 않아서 대부분의 지식은 생성된 AST를 리버스 엔지니어링해서 얻어야 한다. 간단한 파이썬 스크립트를 import ast: ast.dump(ast.part("print foo"))와 같이 실행해서 생성된 AST와 원래 코드를 비교하면 도움이 될 것이다. 약간의 추측과 확실한 근거들로 근본적인 지식을 이런 식으로 습득하는 게 불가능하진 않다.

언젠가 내가 AST에 대해 이해하고 있는 것들을 문서화하는 작업을 하겠지만 코드를 짜는 것이 AST를 배우는 최고의 방법으로 생각한다.

Hy의 지금 상태와 미래의 목표는 무엇인가?

Hy는 현재 개발 중이다. 몇 가지 미묘한 이슈가 해결되어야 하며 Hy가 개념적으로 다른 리스프-1[3] 변종들과 구분되지 않게 하기 위해 버그들을 잡는 중이다. 이는 기념비적인 일이며 해킹의 열매다.

또한 가능한 한 Hy를 효율적으로 만들고 싶다.

장기적으로 나는 Hy가 일종의 교육용 도구가 되길 바란다. 파이썬에 경

---

3 (옮긴이) 다양한 리스프 변종들을 표준화한 커먼 리스트를 리스프-2라고 부르며 이때 스킴을 리스프-1이라 지칭한다. 리스프-1과 리스프-2를 구분하는 핵심적인 차이는 네임스페이스다. 커먼 리스프는(즉 리스프-2 는), 변수와 함수를 위해 각각 다른 네임스페이스를 사용하지만 리스프-1은 함수와 변수가 동일한 네임스페이스를 사용한다. 보통 커먼 리스프 진영에서는 다른 모든 리스프 변종을 리스프-1이라고 지칭하는 경향이 있으며 Clojure 역시 네임스페이스 정의에 의하면 리스프-1이 된다.

험이 있는 개발자들에게 낯선 개념을 설명하는 좋은 도구가 될 것이다. 또한 파이썬 개발자들의 흥미를 끌어 내가 생각하는 Hy의 한계를 그들이 밀어내면 좋겠다.

커먼 리스프, Clojure, 스킴에 관심 있는 사람들이 Hy를 놀라운 교육용 도구로 본다면 좋겠다. 왜 리스프의 변종들이 특정 작업을 특정 방식으로 하는지 사람들이 이해하고 그 철학을 일상의 코딩에서 빌릴 수 있기를 바란다.

Hy와 파이썬은 얼마나 상호 이용(interoperable)이 가능한가? 코드 배포와 패키징은 어떠한가?

놀랄 만큼 상호 이용가능하다. 정말이다. 깜짝 놀랄 수준이다. pdb는 Hy를 아무런 변경 없이 적절하게 디버그할 수 있다. 이런 수준의 상호 이용성을 위해 나는 플래스크 애플리케이션들과 장고 애플리케이션들 그리고 모든 종류의 모듈을 만들었다. 파이썬은 파이썬을 불러올 수 있고, Hy는 Hy를 불러올 수 있다. Hy는 파이썬을 불러올 수 있고, 파이썬은 Hy를 불러올 수 있다. 이것이 Hy가 정말로 특별한 점이다. Clojure 같은 변종들은 상호 호환이 완전한 양방향이 아니기에 이것이 불가능하다(Clojure는 자바를 불러올 수 있지만 자바가 Clojure를 불러 오는 것은 아주 어렵다). 여기서 우리가 가진 도구가 얼마나 강력한지 알 수 있다.

Hy는 (s-표현식의) Hy 코드를 거의 직접적으로 파이썬 AST로 변환한다. 이것은 컴파일 과정에서 생성된 바이트 코드가 아주 정상적인 것임을 뜻하며(파이썬 AST에 의해 생성된 파이썬 코드를 보고 디버깅하는 것이 까다로운 AST 에러를 잡아내는 좋은 방법일 정도다) 파이썬 컴파일러가 모듈이 Hy로 작성되었는지를 알기 어려운 수준이다.

*earmuffs*나 대시(-)를 쓰는 것 같은 커먼 리스프의 개념들 역시 파이썬에 동등한 것으로 번역하여 완전히 지원되며(이 경우 *earmuffs*는 EARMUFFS가 되고, using-dashes는 using_dashes가 된다) 파이썬이 이것들을 쓰는 데 전혀 문제가 없다.

Hy의 뛰어난 상호 이용성은 가장 높은 우선 위의 일이다. 만약 버그를 본다면 알려 달라.

파이썬 대신 Hy를 쓸 때의 장단점은 무엇일까?

흥미로운 질문이다. 한쪽으로 기운 의견일 수도 있으니 적절히 가감해서 듣길 바란다.

Hy는 몇 가지 특별한 방면에서 파이썬보다 뛰어나다. 우리는 Hy가 여러 파이썬 버전에서 제대로 작동하도록 노력하여 파이썬 3의 미래가 일찍 오더라도 문제가 없다. 이는 파이썬 2에서 파이썬 3과 호환되는 부분을 쓰고, 문법이 두 버전에서 표준화됨을 확인하는 작업들로 만들어졌다.

그리고 Hy는 파이썬에(뛰어난 AST 모듈을 가지고 있음에도) 없는 완전한 매크로 시스템을 가지고 있다. 매크로는 컴파일 타임에 코드를 바꾸는 것이 가능한 특수한 형태의 함수다. ast.NodeVisitor를 언어의 일등 시민으로 가지는 것과 비슷하다. 이는 우리가 베이스 언어(이 경우에는 Hy와 파이썬)와 결합된 DSL을 쉽게 만들 수 있게 해주며 많은 매크로와 함께 놀라울 만큼 표현력이 뛰어나고 간결한 코드를 만들 수 있게 해준다.

때때로 잘 만든 DSL은 루아와 같이 특정 역할을 위해 설계된 언어를 대체할 수 있다.

단점으로 Hy를 강력하게 해주는 것에 기술적이라기보다는 사회적인 문제가 있다. Hy는 s-표현식을 사용하는 리스프인데 리스프는 읽고, 쓰고, 유지 보수가 어렵다는 오명이 있다. 사람들은 Hy가 극도로 복잡하다는 두려움으로 Hy를 쓰는 프로젝트를 꺼릴지도 모른다.

Hy는 결국, 모두에게 애증의 존재인, 바로 그 리스프다. 파이썬 개발자들은 리스프 문법을 꺼려 하는 편이고 리스프 개발자들은 Hy가, 음, 파이썬이기 때문에 꺼려 한다. Hy는 파이선 객체를 직접적으로 사용하며 기본적인 객체들의 동작은 경험이 있는 리스프 개발자에게 어색할 수 있다.

사람들이 Hy 문법에 얽매이지 말고 Hy의 한계를 확장하는 프로젝트에 사용하여 지금까지 파이썬이 건드리지 않은 부분을 탐험하길 바란다.

10장

the Hacker's Guide to Python

성능과 최적화

이른 최적화는 악의 근원이다.
— 도널드 커누스, 「Strctured Programming with go to Statements」

10.1 데이터 구조

많은 문제는 올바른 데이터 구조를 선택하는 것만으로 우아하고 단순하게 해결할 수 있다. 그리고 파이썬은 개발자가 선택할 수 있는 많은 데이터 구조를 제공한다.

때때로 자신만의 데이터 구조를 만들고 싶은 유혹이 있는데 이는 거의 대부분 쓸모없고 시간 낭비인 생각이다. 언제나 파이썬은 더 좋은 데이터 구조를 가지고 있다. 이것들을 어떻게 쓸지 배우자.

예를 들어 딕셔너리를 안 쓰는 사람은 없지만 다음과 같은 코드를 얼마나 자주 보았는가?

```
def get_fruits(basket, fruit):
    # "if fruit in basket:" 대신 사용할 수 있다.
    try:
        return basket[fruit]
    except KeyError:
        return set()
```

그냥 딕셔너리가 제공하는 get 메서드를 쓰면 되는데 말이다.

```
def get_fruits(basket, fruit):
    return basket.get(fruit, set())
```

파이썬의 기본 데이터 구조들은 많은 기능을 제공하지만 많은 사람이 이것을 모른 채로 사용한다. set 구조의 예를 보자.

```
def has_invalid_fields(fields):
    for field in fields:
        if field not in ['foo', 'bar']:
            return True
    return False
```

이 코드는 루프문 없이 다음과 같이 쓸 수 있다.

```
def has_invalid_fields(fields):
    return bool(set(fields) - set(['foo', 'bar']))
```

중첩되는 for 문과 if 문이 필요할 때 set이 가진 기능들로 해결할 수 있는 경우가 많다.

또한 코드 유지 보수의 부담을 많이 줄여주는 많은 고급 데이터 구조들이 있다. 다음과 같은 코드를 보자.

```
def add_animal_in_family(species, animal, family):
    if family not in species:
        species[family] = set()
    species[family].add(animal)

species = {}
add_animal_in_family(species, 'cat', 'felidea')
```

물론 이 코드는 아무런 문제가 없다. 하지만 우리 프로그램에서 앞서와 같은 코드의 변종이 얼마나 필요할까? 수십, 수백 개쯤?

파이썬이 제공하는 collections.defaultdict는 이 문제를 우아한 방법으로 해결할 수 있게 해준다.

```
import collections

def add_animal_in_family(species, animal, family):
    species[family].add(animal)
```

```
species = collections.defaultdict(set)
add_animal_in_family(species, 'cat', 'felidea')
```

딕셔너리에서 존재하지 않는 아이템에 접근하려고 할 때마다, defaultdict는 인자로 넘어온 함수를 사용해서 새 값을 만들고 KeyError를 발생시키지 않는다. 이 예제에선 set 함수를 defaultdict의 새 값을 만드는 데 사용한다.

   collections 모듈은 OrderedDict나 Counter처럼 다른 여러 문제를 해결할 수 있는 적절한 데이터 구조들을 제공한다.

   파이썬에서 알맞는 데이터 구조를 찾는 것은 시간과 유지 보수의 노력을 아낄 수 있기 때문에 중요한 작업이다.

10.2 프로파일링

파이썬은 프로파일링을 위한 몇 가지 도구를 제공한다. 표준 라이브러리에 있는 cProfile은 쉽게 사용할 수 있다.

예 10.1 cProfile 모듈 사용하기

```
$ python -m cProfile myscript.py
        343 function calls (342 primitive calls) in 0.000 seconds

   Ordered by: standard name

   ncalls  tottime  percall  cumtime  percall filename:lineno(function)
        1    0.000    0.000    0.000    0.000 :0(_getframe)
        1    0.000    0.000    0.000    0.000 :0(len)
      104    0.000    0.000    0.000    0.000 :0(setattr)
        1    0.000    0.000    0.000    0.000 :0(setprofile)
        1    0.000    0.000    0.000    0.000 :0(startswith)
      2/1    0.000    0.000    0.000    0.000 <string>:1(<module>)
        1    0.000    0.000    0.000    0.000 StringIO.py:30(<module>)
        1    0.000    0.000    0.000    0.000 StringIO.py:42(StringIO)
```

이 결과는 각 함수가 얼마나 호출되었는지, 실행에 시간을 얼마나 사용했는지를 알려준다. -s 옵션을 쓰면 다른 필드를 기준으로 정렬할 수 있다. 예를 들어 -s time은 내부 시간 기준으로 정렬한다.

C 언어로 코딩을 한 적이 있다면 C 프로그램에서 프로파일링을 가능하게 해주는 환상적인 도구, 밸그린드(Valgrind, http://valgrind.org)를 알 것이다. 또 다른 훌륭한 도구인 KCacheGrind(http://kcachegrind.sourceforge.net)는 밸그린드가 만든 데이터를 시각화할 수 있다.

cProfile이 만드는 프로파일 정보를 KCacheGrind에서 불러올 수 있는 호출 트리로 바꿀 수 있다. cProfile 모듈의 -o 옵션을 쓰면 프로파일링 데이터를 저장할 수 있고 pyprof2calltree(https://pypi.python.org/pypi/pyprof2calltree)를 쓰면 이 데이터 포맷을 변환할 수 있다.

예 10.2 KCacheGrind를 사용하여 파이썬 프로파일링 데이터 시각화하기

```
$ python -m cProfile -o myscript.cprof myscript.py
$ pyprof2calltree -k -i myscript.cprof
```

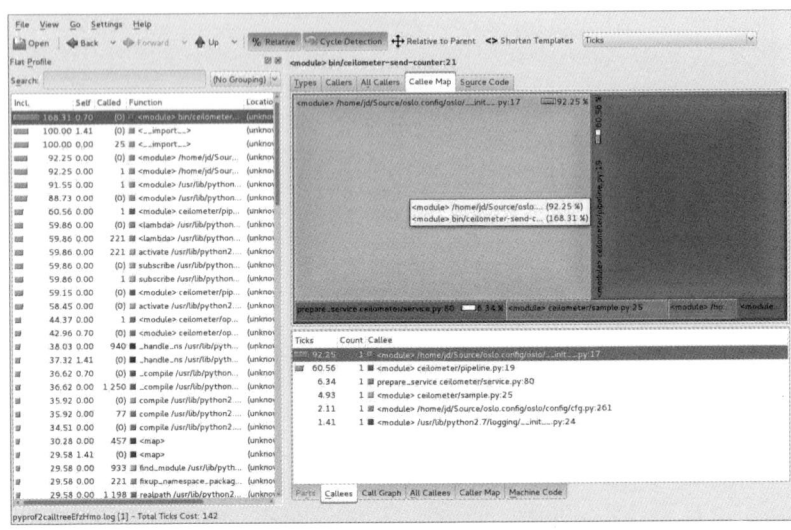

그림 10.1 KCacheGrind 예

이제 충분한 정보를 바탕으로 프로그램의 어떤 부분이 너무 많은 리소스를 소모하는지 판단할 수 있다.

프로그램을 거시적 관점에서 보면 이런 방식도 충분하지만 때로는 특정 코드를 미시적으로 보는 게 도움이 될 때도 있다. 이때는 dis 모듈을 사용

해서 내부적으로 어떻게 돌아가는지 확인할 수 있다. dis는 파이썬 바이트 코드의 디스어셈블러다. 사용은 아주 쉽다.

```
>>> def x():
...     return 42
...
>>> import dis
>>> dis.dis(x)
  2           0 LOAD_CONST          1 (42)
              3 RETURN_VALUE
```

dis.dis 함수는 매개 변수로 넘긴 함수를 디스어셈블하여 함수에 의해 실행되는 바이트 코드 명령(instruction)들을 출력한다. 이렇게 우리가 짠 코드가 내부적으로 어떻게 동작하는지 이해하면 코드를 제대로 최적화할 수 있다.

다음 코드에서 만드는 두 함수는 동일하게 세 글자를 합치는 일을 한다.

```
abc = ('a', 'b', 'c')

def concat_a_1():
    for letter in abc:
        abc[0] + letter

def concat_a_2():
    a = abc[0]
    for letter in abc:
        a + letter
```

두 함수는 정확히 같은 일을 하는 것 같아 보이지만 디스어셈블해 보면 생성되는 코드는 꽤 다름을 볼 수 있다.

```
>>> dis.dis(concat_a_1)
  2           0 SETUP_LOOP         26 (to 29)
              3 LOAD_GLOBAL         0 (abc)
              6 GET_ITER
        >>    7 FOR_ITER           18 (to 28)
             10 STORE_FAST          0 (letter)

  3          13 LOAD_GLOBAL         0 (abc)
             16 LOAD_CONST          1 (0)
             19 BINARY_SUBSCR
             20 LOAD_FAST           0 (letter)
             23 BINARY_ADD
```

10장 성능과 최적화 **147**

```
            24 POP_TOP
            25 JUMP_ABSOLUTE    7
       >>   28 POP_BLOCK
       >>   29 LOAD_CONST       0 (None)
            32 RETURN_VALUE
```

```
>>> dis.dis(concat_a_2)
  2          0 LOAD_GLOBAL      0 (abc)
             3 LOAD_CONST       1 (0)
             6 BINARY_SUBSCR
             7 STORE_FAST       0 (a)

  3         10 SETUP_LOOP      22 (to 35)
            13 LOAD_GLOBAL      0 (abc)
            16 GET_ITER
       >>   17 FOR_ITER        14 (to 34)
            20 STORE_FAST       1 (letter)

  4         23 LOAD_FAST        0 (a)
            26 LOAD_FAST        1 (letter)
            29 BINARY_ADD
            30 POP_TOP
            31 JUMP_ABSOLUTE   17
       >>   34 POP_BLOCK
       >>   35 LOAD_CONST       0 (None)
            38 RETURN_VALUE
```

보다시피 두 번째 함수는 루프를 돌기 전에 abc[0]를 임시 변수에 저장한다. 이러면 루프 내에서 실행되는 바이트 코드가 매번 abc[0]을 찾을 필요가 없으므로 좀 더 빨라질 수 있다. timeit을 통해 측정하면 두 번째 함수가 첫 번째보다 10% 정도 빠르다. 백만분의 일초 정도 빨리 실행된다. 물론 이 백만분의 일초는 이 함수를 수백만 번 호출하지 않는 한 큰 가치가 없지만 dis 모듈을 사용하면 이러한 종류의 통찰을 얻을 수 있다.

 그렇다면 최적화를 위해 이렇게 루프 외부에 변수를 저장하는 것과 같은 트릭을 사용해야 할까? 물론 컴파일러가 이러한 종류의 최적화를 해야 한다. 하지만 아주 동적인 프로그래밍 언어의 컴파일러는 이러한 종류의 최적화가 부정적인 부작용을 일으킬지 판단하기 어렵다. 그러니 주의해서 코드를 짜자.

 코드 리뷰를 하다 보면 보게 되는 또 다른 좋지 않은 습관은 이유 없이 함수 내에서 함수를 정의하는 것이다. 이는 함수가 이유 없이 계속 재정의되기 때문에 비용이 발생한다.

예 10.3 함수 내에 정의된 함수를 디스어셈블하기

```
>> import dis
>>> def x():
...     return 42
...
>>> dis.dis(x)
  2           0 LOAD_CONST        1 (42)
              3 RETURN_VALUE
>>> def x():
...     def y():
...         return 42
...     return y()
...
>>> dis.dis(x)
  2           0 LOAD_CONST        1 (<code object y at 0x100ce7e30,
      file "<stdin>", line 2>)
              3 MAKE_FUNCTION     0
              6 STORE_FAST        0 (y)

  4           9 LOAD_FAST         0 (y)
             12 CALL_FUNCTION     0
             15 RETURN_VALUE
```

보다시피 불필요하게 복잡하다. 간단한 LOAD_CONST 대신 MAKE_FUNCTION, STORE_FAST_LOAD, LOAD_FAST, CALL_FUNCTION을 호출한다. 이렇게 많은 옵코드가 별 이유 없이 필요하며 파이썬에서 함수 호출은 이미 그 자체로 별로 효율적이지 않다.

함수 내에 함수를 정의해야 하는 유일한 경우는 클로저(closure)를 만들 때이며 이 경우는 파이썬 옵코드(opcode)상에서도 명확하게 확인된다.

예 10.4 클로저 디스어셈블하기

```
>>> def x():
...     a = 42
...     def y():
...         return a
...     return y()
...
>>> dis.dis(x)
  2           0 LOAD_CONST        1 (42)
              3 STORE_DEREF       0 (a)
```

```
          3             6 LOAD_CLOSURE     0 (a)
                        9 BUILD_TUPLE      1
                       12 LOAD_CONST       2 (<code object y at 0x100d139b0,
                          file "<stdin>", line 3>)
                       15 MAKE_CLOSURE     0
                       18 STORE_FAST       0 (y)

          5            21 LOAD_FAST        0 (y)
                       24 CALL_FUNCTION    0
                       27 RETURN_VALUE
```

10.3 정렬된 리스트와 bisect

큰 리스트를 다루어야 할 때 정렬된 리스트를 쓰면 몇 가지 이점이 있다. 예를 들어 정렬된 리스트는 O(log n)의 시간에 값을 가지고 올 수 있다.

하지만 이를 위해 자신만의 데이터 구조와 알고리즘을 만들려는 것을 자주 보게 되는데 이는 정말 좋지 않은 생각이다. 이미 해결된 문제에 시간을 낭비하지 말자.

우선 파이썬은 이분(bisection) 알고리즘을 구현한 bisect 모듈을 제공한다. 사용하기 쉽다.

예 10.5 bisect 사용

```
>>> farm = sorted(['haystack', 'needle', 'cow', 'pig'])
>>> bisect.bisect(farm, 'needle')
3
>>> bisect.bisect_left(farm, 'needle')
2
>>> bisect.bisect(farm, 'chicken')
0
>>> bisect.bisect_left(farm, 'chicken')
0
>>> bisect.bisect(farm, 'eggs')
1
>>> bisect.bisect_left(farm, 'eggs')
1
```

이 bisect 함수는 리스트 정렬을 유지하면서 새 아이템이 몇 번째에 들어가야 하는지 알려준다.

인덱스를 얻어오는 대신 즉시 추가하길 원한다면 insort_left와 insort_

right 함수를 쓸 수 있다.

예 10.6 bisect.insort 사용

```
>>> farm
['cow', 'haystack', 'needle', 'pig']
>>> bisect.insort(farm, 'eggs')
>>> farm
['cow', 'eggs', 'haystack', 'needle', 'pig']
>>> bisect.insort(farm, 'turkey')
>>> farm
['cow', 'eggs', 'haystack', 'needle', 'pig', 'turkey']
```

항상 정렬되어 있는 리스트를 만들기 위해 이 기능들을 사용하면 된다.

예 10.7 SortedList 구현

```
import bisect

class SortedList(list):
    def __init__(self, iterable):
        super(SortedList, self).__init__(sorted(iterable))

    def insort(self, item):
        bisect.insort(self, item)

    def index(self, value, start=None, stop=None):
        place = bisect.bisect_left(self[start:stop], value)
        if start:
            place += start
        end = stop or len(self)
        if place < end and self[place] == value:
            return place
        raise ValueError("%s is not in list" % value)
```

물론 이 리스트에 append나 extend를 바로 사용하면 안 된다. 이 경우 정렬이 더는 유지되지 않는다.

앞의 코드에 대한 다양한 변종을 구현한 것이나 바이너리 트리나 레드-블랙 트리 구조 같이 많은 데이터 구조에 대한 라이브러리들이 이미 존재한다. 스스로 데이터 구조를 만들고 디버깅하는 데 시간을 보내는 대신 blist(https://pypi.python.org/pypi/blist)와 bintree(https://pypi.python.org/pypi/bintrees/) 패키지를 사용하자.

10.4 네임드튜플과 슬롯

때로는 몇 가지 고정된 속성만을 가지는 아주 간단한 객체를 만들 수 있으면 좋을 것이다. 몇 줄을 사용하면 다음과 같이 간단히 구현할 수 있다.

```
class Point(object):
    def __init__(self, x, y):
        self.x = x
        self.y = y
```

분명히 요구 사항을 충족했지만 몇가지 단점이 있다. 우선 이 클래스는 object를 상속받는다.[1] 그리고 이 Point 클래스를 쓰려면 객체로 인스턴스화해야 한다.

파이썬 객체의 특징 중 하나는 모든 속성을 내부에 있는 어떤 딕셔너리에 저장하는 것이다. 이 딕셔너리는 __dict__ 속성에 저장된다.

```
>>> p = Point(1, 2)
>>> p.__dict__
{'y': 2, 'x': 1}
>>> p.z = 42
>>> p.z
42
>>> p.__dict__
{'y': 2, 'x': 1, 'z': 42}
```

원하는 만큼 속성을 추가할 수 있는 것은 클래스와 객체의 장점이다. 하지만 속성을 저장하기 위해 이렇게 딕셔너리를 쓰는 것은 메모리 측면에서 보면 상당히 비싼 편이다. 객체, 키, 값의 레퍼런스 등을 저장해야 한다. 많은 메모리를 소모하며 생성과 조작도 빠르지 않다. 다음과 같은 간단한 클래스를 보자.

```
class Foobar(object):
    def __init__(self, x):
        self.x = x
```

파이썬 패키지 memory_profiler로 메모리 사용을 검사해 보자.

---

[1] (옮긴이) object를 상속받는 자체에 문제 될 건 없으나 겨우 몇 가지 속성을 가진 객체를 만들기 위해 상속까지 해야 한다는 뜻이다.

```
$ python -m memory_profiler object.py
Filename: object.py

Line #    Mem usage    Increment   Line Contents
================================================
    5                              @profile
    6     9.879 MB     0.000 MB    def main():
    7    50.289 MB    40.410 MB    f = [ Foobar(42) for i in range
         (100000) ]
```

그래서 이러한 클래스의 기본 특성 없이 객체를 사용하는 방법이 있다. 파이썬의 클래스는 __slots__ 속성을 정의할 수 있는데 여기에 이 클래스의 객체에서 허용하는 속성들을 열거할 수 있다. 이렇게 하면 객체의 전체 속성을 저장하기 위해 전체 딕셔너리를 메모리에 올리는 대신 list 객체를 사용할 수 있다. CPython 소스 코드를 훑어서 Objects/typeobject.c 파일을 보면 파이썬이 여기서 어떤 일을 하는지 이해할 수 있을 것이다. 다음은 이를 처리하는 함수를 간략화한 것이다.

```
static PyObject *
type_new(PyTypeObject *metatype, PyObject *args, PyObject *kwds)
{
    [...]
    /* dict에서 __slots__의 개수 확인 */
    slots = _PyDict_GetItemId(dict, &PyId___slots__);
    nslots = 0;
    if (slots == NULL) {
        if (may_add_dict)
            add_dict++;
        if (may_add_weak)
            add_weak++;
    }
    else {
        /* slot이 있는 경우 */
        /* 튜플로 변환 */
        if (PyUnicode_Check(slots))
            slots = PyTuple_Pack(1, slots);
        else
            slots = PySequence_Tuple(slots);
        /* slot이 허용되는가? */
        nslots = PyTuple_GET_SIZE(slots);
        if (nslots > 0 && base->tp_itemsize != 0) {
            PyErr_Format(PyExc_TypeError,
                         "nonempty __slots__ "
                         "not supported for subtype of '%s'",
                         base->tp_name);
            goto error;
```

```
        }
        /* slot을 리스트로 변환하여 이름 기준으로 정렬한다.
           정렬된 이름은 __class__에 사용된다.
           끝나면 리스트를 튜플로 변환한다.
        */
        newslots = PyList_New(nslots - add_dict - add_weak);
        if (newslots == NULL)
            goto error;
        if (PyList_Sort(newslots) == -1) {
            Py_DECREF(newslots);
            goto error;
        }
        slots = PyList_AsTuple(newslots);
        Py_DECREF(newslots);
        if (slots == NULL)
            goto error;
    }
    /* 타입 객체를 할당한다. */
    type = (PyTypeObject *)metatype->tp_alloc(metatype, nslots);
    [...]
    /* 확장된 타입 객체에서 이름과 slot이 살아 있도록 한다. */
    et = (PyHeapTypeObject *)type;
    Py_INCREF(name);
    et->ht_name = name;
    et->ht_slots = slots;
    slots = NULL;
    [...]
    return (PyObject *)type;
```

보다시피 파이썬은 __slots__의 내용을 튜플로 바꾸고, 리스트를 만들어 정렬한 후 다시 클래스에 저장하기 위해 튜플로 변환한다. 이렇게 정렬된 튜플을 사용함으로써 파이썬은 딕셔너리를 메모리에 올리지 않고도 값을 빠르게 찾아 가져올 수 있다.[2]

이러한 클래스는 다음과 같이 쉽게 만들 수 있다.

예 10.8 __slots__를 사용하는 클래스 정의

```
class Foobar(object):
    __slots__ = 'x'

    def __init__(self, x):
        self.x = x
```

---

[2] (옮긴이) 일반적으로 해시 구조인 딕셔너리를 쓰면 값을 빠르게 찾아올 수 있다. 하지만 여기선 '정렬된' 튜플을 쓰니 이분법을 통해 LogN 탐색을 거쳐 (클래스 속성 개수가 아주 많지는 않다는 점을 감안하면) 값을 아주 빠르게 가지고 올 수 있다. 즉 정렬된 튜플을 써서 딕셔너리보다 빠르다는 뜻은 아니며 적은 메모리를 사용하면서도 딕셔너리와 흡사할 만큼 빠른 탐색이 가능하다는 것을 의미한다.

이 두 접근의 메모리 사용을 memory_profiler 패키지를 이용해서 쉽게 비교할 수 있다.

예 10.9 __slots__를 사용하는 객체의 메모리 사용량

```
% python -m memory_profiler slots.py
Filename: slots.py

Line #    Mem usage    Increment   Line Contents
================================================
    7                              @profile
    8      9.879 MB    0.000 MB    def main():
    9     21.609 MB   11.730 MB    f = [ Foobar(42) for i in range
         (100000) ]
```

이렇게 클래스에 __slots__ 속성을 사용하면 절반 수준의 메모리만 사용할 수 있다. 단순한 객체를 많이 생성할 경우 __slots__ 속성은 효율적이고 유용하다. 하지만 이 테크닉은 정적 타이핑 같은 것을 구현하기 위해 잘못 사용되기도 하는데 이런 것은 파이썬의 정신이 아니다.

고정되어 있는 속성 리스트의 특징을 보면 항상 속성 리스트에 값을 가지며 정렬된 속성이 있는 클래스를 어렵지 않게 상상할 수 있을 것이다.

이것이 바로 colleciton 모듈의 namedtuple 클래스의 특성이다. tuple을 상속받는 클래스를 동적으로 생성하게 해주며, 불변하고 고정된 수의 필드를 가지는 튜플의 특성을 이어받았다. namedtuple을 쓰면 인덱스 대신 이름을 써서 튜플의 값에 접근할 수 있다.

예 10.10 namedtuple을 사용하여 클래스 정의하기

```
>>> import collections
>>> Foobar = collections.namedtuple('Foobar', ['x'])
>>> Foobar = collections.namedtuple('Foobar', ['x', 'y'])
>>> Foobar(42, 43)
Foobar(x=42, y=43)
>>> Foobar(42, 43).x
42
>>> Foobar(42, 43).x = 44
Traceback (most recent call last):
  File "<stdin>", line 1, in <module>
AttributeError: can't set attribute
>>> Foobar(42, 43).z = 0
Traceback (most recent call last):
  File "<stdin>", line 1, in <module>
```

```
AttributeError: 'Foobar' object has no attribute 'z'
>>> list(Foobar(42, 43))
[42, 43]
```

이 클래스는 tuple을 상속받기 때문에 리스트로 쉽게 변환할 수 있다. tuple을 상속받기 때문에 이 클래스 객체의 속성을 수정하거나 추가할 수 없다. 또한 __slots__ 값은 빈 튜플로 되어 있어 __dict__를 생성하지 않는다.[3]

예 10.11 collections.namedtuple로 만든 클래스의 메모리 사용

```
% python -m memory_profiler namedtuple.py
Filename: namedtuple.py

Line #  Mem usage     Increment    Line Contents
================================================
    4                              @profile
    5    9.895 MB     0.000 MB     def main():
    6   23.184 MB    13.289 MB         f = [ Foobar(42) for i in range
    (100000) ]
```

결과적으로 namedtuple은 __slots__를 쓰는 것만큼이나 효율적이다. 다른 점은 tuple 클래스와 호환되기 때문에 반복 가능한 타입을 인자로 예상하는 파이썬의 많은 함수와 라이브러리에 전달될 수 있다. 또한 튜플에 존재하는 다양한 최적화의 이점을 누릴 수 있다.[4]

namedtuple은 몇 가지 메서드를 제공한다. 이름이 _로 시작하는 메서드지만 공개적으로 사용될 수 있다. _asdict는 namedtuple을 dict 인스턴스로 변환하며 _make는 반복 가능한 객체를 namedtuple 클래스로 변환한다. _replace는 어떤 필드들이 바뀐 새 인스턴스를 돌려준다.

10.5 메모이제이션

메모이제이션은 결과를 캐싱하여 함수 호출 속도를 높여주는 기법이다.

---

3 (옮긴이) __slots__이 비어 있다면 __dict__에 딕셔너리가 생성되겠지만 비어 있지 않고 빈 튜플을 할당해 놓아서 효율적이라는 뜻이다.
4 예를 들어 PyTuple_MAXSAVESIZE(기본값이 20)보다 적은 튜플은 CPython에서 빠른 메모리 할당자를 사용한다.

오직 순수한 함수만, 즉 사이드 이펙트가 없고 다른 전역 상태에 의존적이지 않을 때 결과를 캐시할 수 있다.

메모이제이션을 사용할 수 있는 전형적인 함수는 사인 함수인 sin이다.

예 10.12 기본적인 메모이제이션 테크닉

```
>>> import math
>>> _SIN_MEMOIZED_VALUES = {}
>>> def memoized_sin(x):
...     if x not in _SIN_MEMOIZED_VALUES:
...         _SIN_MEMOIZED_VALUES[x] = math.sin(x)
...     return _SIN_MEMOIZED_VALUES[x]
>>> memoized_sin(1)
0.8414709848078965
>>> _SIN_MEMOIZED_VALUES
{1: 0.8414709848078965}
>>> memoized_sin(2)
0.9092974268256817
>>> memoized_sin(2)
0.9092974268256817
>>> _SIN_MEMOIZED_VALUES
{1: 0.8414709848078965, 2: 0.9092974268256817}
>>> memoized_sin(1)
0.8414709848078965
>>> _SIN_MEMOIZED_VALUES
{1: 0.8414709848078965, 2: 0.9092974268256817}
```

처음 memoized_sin을 _SIN_MEMOIZED_VALUES에 없는 값을 인자를 써서 호출하면, 계산된 값을 이 딕셔너리에 저장한다. 추후에 같은 값으로 다시 호출하면 결과를 다시 계산하는 대신 딕셔너리에서 바로 가지고 온다. sin 함수의 계산은 아주 빨라서 큰 실익이 없겠지만 더 복잡한 계산을 요구하는 고도의 함수들은 그렇지 않을 것이다.

7.1의 데코레이터를 봤다면 이것이 데코레이터를 쓸 수 있는 완벽한 기회임을 알아야 한다. 실제로 PyPI에는 데코레이터를 이용한 메모이제이션 구현이 다양하게 있다.

파이썬 3.3에서 functools 모듈은 LRU(Least-Recently-Used: 최근 사용이 가장 적은 것부터 버리는 방식) 캐시 데코레이터를 제공한다. 이는 여기서 설명한 것과 같은 메모이제이션 방법을 사용하는데 캐시 크기를 제한하여 최대 크기를 넘으면 덜 사용되는 캐시를 제거하는 기능이 있다.

이 모듈은 또한 캐시 히트와 미스 등에 대한 통계를 제공한다. 이러한 캐시를 구현할 때 꼭 있어야 하는 것이다. 사용에 대한 측정이 불가능하다면 메모이제이션이나 어떤 캐싱 기술이라도 사용하는 의미가 없다.

앞의 예를 functools.lru_cache를 쓰면 다음과 같다.

예 10.13 functools.lru_cache 사용

```
>>> import functools
>>> import math
>>> @functools.lru_cache(maxsize=2)
... def memoized_sin(x):
...     return math.sin(x)
...
>>> memoized_sin(2)
0.9092974268256817
>>> memoized_sin.cache_info()
CacheInfo(hits=0, misses=1, maxsize=2, currsize=1)
>>> memoized_sin(2)
0.9092974268256817
>>> memoized_sin.cache_info()
CacheInfo(hits=1, misses=1, maxsize=2, currsize=1)
>>> memoized_sin(3)
0.1411200080598672
>>> memoized_sin.cache_info()
CacheInfo(hits=1, misses=2, maxsize=2, currsize=2)
>>> memoized_sin(4)
-0.7568024953079282
>>> memoized_sin.cache_info()
CacheInfo(hits=1, misses=3, maxsize=2, currsize=2)
>>> memoized_sin(3)
0.1411200080598672
>>> memoized_sin.cache_info()
CacheInfo(hits=2, misses=3, maxsize=2, currsize=2)
>>> memoized_sin.cache_clear()
>>> memoized_sin.cache_info()
CacheInfo(hits=0, misses=0, maxsize=2, currsize=0)
```

10.6 PyPy

또 다른 파이썬인 PyPy(http://pypy.org/)는 파이썬 언어의 표준을 잘 따르면서 효율적으로 구현한 것이다. 사실 표준적인 파이썬 구현인 CPython은(C 언어로 구현되어 CPython라 부른다) 아주 느려질 수 있다. PyPy의 핵심 아이디어는 파이썬 인터프리터를 파이썬으로 구현하는 것이었다가 파

이썬 언어의 제한된 부분 집합인 RPython을 써서 구현하도록 발전했다.[5]

RPython은 변수 타입이 컴파일 타임에 추론될 수 있도록 파이썬에 몇 가지 제약을 더한 것이다. RPython 코드는 인터프리터를 만드는 C 코드로 번역되고 인터프리터를 만들기 위해 컴파일된다. RPython은 파이썬이 아닌 다른 언어를 구현할 수 있다.

이 기술적인 도전 외에 PyPy에서 흥미로운 점은 이것이 현재 CPython 보다 더 빠른 대체재가 될 수 있다는 것이다. PyPy는 JIT(Just-In-Time) 컴파일러를 내장하고 있어서, 결론만 말하자면 컴파일된 코드의 빠른 속도와 해석의 유연성을 합치는 방식으로 더 빠르게 파이썬 코드를 실행할 수 있다.

얼마나 빠른가? 상황에 따라 다르지만 순수한 알고리즘적인 코드는 훨씬 빠르다. 대부분의 일반적인 코드의 경우 PyPy는 보통 세 배 정도 빠르다고 주장한다. 하지만 당장 너무 큰 기대를 하지는 말자. 모두가 싫어하는 GIL 같은 CPython의 한계 또한 PyPy에 존재한다.

엄격한 최적화 기법을 사용하는 대신 PyPy에서 프로그램이 돌아갈 수 있게 하는 것도 좋은 생각이다. 다른 파이썬 버전을 지원하기 위해 정책을 지키는 것과 PyPy를 지원하는 것은 전혀 다르지 않다. 기본적으로 코드가 CPython과 동일하게 PyPy에서 돌아가는지 테스트해야 한다. CPython 2와 3뿐 아니라 PyPy를 쓰는 가상 환경을 지원하는 tox(6.7)를 쓰면 손쉽게 테스트할 수 있다.

코드가 PyPy에서 실행되길 원한다면 프로젝트 초기에 이러한 작업을 하는 것이 나중에 하는 것보다 일을 훨씬 줄일 수 있다.

 Hy 프로젝트에선 이 전략을 처음부터 사용하였다. Hy는 항상 PyPy와 모든 CPython 버전을 아무 문제없이 지원하였다. 반면에 오픈스택 프로젝트에서는 PyPy에서 여러 가지 이유로 동작하지 않는 여러 코드와 라이브러리 문제로 PyPy 지원이 중단되었다. 프로젝트 초기부터 완전히 테스트되지 않았기 때문이다.

---

5 (옮긴이) PyPy에 대한 더 자세한 설명은 「PyPy가 CPython보다 빠를 수 있는 이유(http://blog.dahlia.kr/post/5124874464)」를 한번 보길 권한다.

PyPy는 파이썬 2.7과 호환되며 JIT 컴파일러는 32 · 64비트 x86과 암(ARM) 아키텍처, 그리고 리눅스, 윈도, 맥 OS X 같은 여러 운영 체제에서 동작한다. 파이썬 3 지원은 진행 중이다.

10.7 버퍼 프로토콜을 사용한 제로 카피

프로그램이 많은 양의 데이터를 아주 큰 용량의 배열을 써서 다루어야 할 때가 있다. 이렇게 큰 데이터를 문자열로 다루면 이 데이터를 복제하거나 나누거나 수정할 때 아주 비효율적일 수 있다.

아주 큰 크기의 바이너리 파일을 읽는 프로그램을 생각해 보자. 이 프로그램은 다른 파일로 데이터의 일부분을 복사한다. 메모리 사용을 분석하기 위해 memory_profiler(https://pypi.python.org/pypi/memory_profiler)를 사용할 것이다. 이 파이썬 패키지는 프로그램의 각 줄마다 메모리 사용을 분석해준다.

```
@profile
def read_random():
    with open("/dev/urandom", "rb") as source:
        content = source.read(1024 * 10000)
        content_to_write = content[1024:]
    print("Content length: %d, content to write length %d" %
        (len(content), len(content_to_write)))
    with open("/dev/null", "wb") as target:
        target.write(content_to_write)
if __name__ == '__main__':
    read_random()
```

이제 앞의 프로그램을 memory_profiler로 실행하자.

```
$ python -m memory_profiler memoryview/copy.py
Content length: 10240000, content to write length 10238976
Filename: memoryview/copy.py

Mem usage    Increment   Line Contents
================================
                         @profile
 9.883 MB    0.000 MB    def read_random():
 9.887 MB    0.004 MB        with open("/dev/urandom", "rb") as source:
19.656 MB    9.770 MB        content = source.read(1024 * 10000) ①
```

```
29.422 MB     9.766 MB     content_to_write = content[1024:] ②
29.422 MB     0.000 MB     print("Content length: %d, content to write
   length %d" %
29.434 MB     0.012 MB     (len(content), len(content_to_write)))
29.434 MB     0.000 MB     with open("/dev/null", "wb") as target:
29.434 MB     0.000 MB     target.write(content_to_write)
```

① /dev/urandom에서 10MB의 데이터를 읽는다. 파이썬은 이 값을 문자열에 저장하기 위해 10MB의 메모리를 할당해야 한다.
② 처음 1KB를 제외한 나머지 데이터 전체를 복사한다.

이 예에서 흥미로운 부분은 content_to_write 변수를 만들 때 프로그램의 메모리 사용이 10MB 정도 상승한다는 것이다. 여기서 슬라이스 연산자[6]는 전체 데이터에서 처음 1KB를 빼고 나머지를 새로운 문자열 객체로 복사한다.

큰 데이터를 다룰 때 큰 용량의 배열에 이러한 작업을 수행하는 것은 재앙이 될 수 있다. C 언어에 경험이 있다면 memcpy()를 쓰는 것이 메모리 사용면에서나 전반적인 성능면에서 상당히 비싸다는 것을 알 것이다. 즉 메모리 복사는 느리다.

하지만 C 프로그래머로서 문자열이 글자(character)의 배열이라는 것을 안다면 기본적인 포인터 연산을 통해 복사를 하지 않고 배열에서 일부분만을 가리키는 것이 가능하다는 사실도 알 것이다.[7]

파이썬에서 이것은 버퍼 프로토콜(buffer protocol)을 구현하는 객체를 사용하면 가능하다. 버퍼 프로토콜을 정의한 PEP 3118(http://legacy.python.org/dev/peps/pep-3118/)은 문자열 같은 다양한 타입에 대해 이 기능을 제공하는 C API를 설명한다.

객체가 이 프로토콜을 구현하면 memoryview 클래스 생성자를 사용해서 원래 객체의 메모리를 가리키는 새로운 memoryview 객체를 만들 수 있다. 예를 보자.

---

6   (옮긴이) content[1024:]의 콜론 부분이 파이썬에서 배열을 자르는 슬라이스 연산자다.
7   전체 문자열이 연속적인 메모리 공간에 있다는 것을 가정하자.

```
>>> s = b"abcdefgh"
>>> view = memoryview(s)
>>> view[1]
98 ①
>>> limited = view[1:3]
<memory at 0x7fca18b8d460>
>>> bytes(view[1:3])
b'bc'
```

① 글자 'b'의 아스키 코드다.

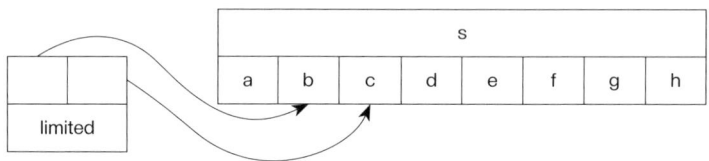

그림 10.2 memoryview 객체 자르기

여기서 memoryview 객체의 슬라이스 연산자를 사용했는데 이 연산자는 memoryview 객체를 돌려준다. 즉 이것은 어떠한 데이터도 복사하지 않고 데이터의 일부분을 가리키고 있을 뿐이다.

이것을 염두에 두고 memoryview 객체를 사용해서 프로그램을 다시 만들어 보자.

```
@profile
def read_random():
    with open("/dev/urandom", "rb") as source:
        content = source.read(1024 * 10000)
        content_to_write = memoryview(content)[1024:]
    print("Content length: %d, content to write length %d" %
          (len(content), len(content_to_write)))
    with open("/dev/null", "wb") as target:
        target.write(content_to_write)
if __name__ == '__main__':
    read_random()
```

이 프로그램은 첫 번째 버전보다 절반 수준의 메모리를 사용한다.

```
$ python -m memory_profiler memoryview/copy-memoryview.py
Content length: 10240000, content to write length 10238976
Filename: memoryview/copy-memoryview.py

Mem usage    Increment    Line Contents
```

```
===============================
                           @profile
  9.887 MB    0.000 MB     def read_random():
  9.891 MB    0.004 MB     with open("/dev/urandom", "rb") as source:
 19.660 MB    9.770 MB         content = source.read(1024 * 10000) ①
 19.660 MB    0.000 MB         content_to_write = memoryview(content)
      [1024:] ②
 19.660 MB    0.000 MB         print("Content length: %d, content to write
      length %d" %
 19.672 MB    0.012 MB             (len(content), len(content_to_write)))
 19.672 MB    0.000 MB         with open("/dev/null", "wb") as target:
 19.672 MB    0.000 MB             target.write(content_to_write)
```

① /dev/urandom에서 10MB의 데이터를 읽는다. 파이썬은 이 값을 문자열에 저장하기 위해 10MB의 메모리를 할당해야 한다.

② 처음 1KB를 뺀 나머지 데이터를 가리킨다. 이 단계에서 복사를 하지 않기 때문에 메모리를 더 쓰지 않는다.

이러한 기법은 소켓을 다룰 때 특히 유용하다. 알다시피 소켓을 통해 데이터를 보낼 때 한 번의 호출로 전체 데이터를 보내지 않는다. 간단한 구현은 다음과 같다.

```
import socket
s = socket.socket(…)
s.connect(…)
data = b"a" * (1024 * 100000) ①
while data:
    sent = s.send(data)
    data = data[sent:] ②
```

① 1억 개의 a 글자로 데이터를 만든다.

② 보내진 sent를 제거한다.

분명히 이러한 메커니즘을 사용하면 소켓을 통해 데이터를 전부 보낼 때까지 계속해서 복사가 일어난다. memoryview를 사용하면 같은 작업을 데이터 복사 없이 구현할 수 있다. 즉 제로 카피다.

```
import socket
s = socket.socket(…)
s.connect(…)
data = b"a" * (1024 * 100000) ①
```

```
mv = memoryview(data)
while mv:
    sent = s.send(mv)
    mv = mv[sent:]  ②
```

① 1억 개의 a 글자로 데이터를 만든다.
② 앞으로 보내져야 할 남은 데이터를 가리키는 새로운 memoryview 객체를 만든다.

이 코드는 아무것도 복사하지 않기 때문에 처음 data 변수를 위해 필요한 100MB 외에는 메모리를 사용하지 않는다.

지금까진 효율적인 데이터 쓰기를 위해 memoryview 객체를 사용했는데 같은 방법을 데이터를 읽기 위해 사용할 수 있다. 파이썬에서 대부분의 I/O 연산은 버퍼 프로토콜을 구현한 객체를 다루는 방법을 알고, 읽고 쓸 수 있다. 그냥 I/O 함수에게 미리 메모리에 할당한 객체에 써달라고 요청하면 memoryview 객체를 안 써도 된다.

```
>>> ba = bytearray(8)
>>> ba
bytearray(b'\x00\x00\x00\x00\x00\x00\x00\x00')
>>> with open("/dev/urandom", "rb") as source:
...     source.readinto(ba)
...
8
>>> ba
bytearray(b'`m.z\x8d\x0fp\xa1')
```

이러한 방법을 이용해서 버퍼를 미리 할당하고(C 언어에서 malloc() 호출 수를 줄이려는 것처럼) 원하는 대로 채우면 된다. memoryview를 사용하면 메모리 영역에서 어느 지점이든 데이터를 위치시킬 수 있다.

```
>>> ba = bytearray(8)
>>> ba_at_4 = memoryview(ba)[4:]  ①
>>> with open("/dev/urandom", "rb") as source:
...     source.readinto(ba_at_4)  ②
...
4
>>> ba
bytearray(b'\x00\x00\x00\x00\x0b\x19\xae\xb2')
```

① 바이트 어레이의 네 번째 위치부터 끝까지 레퍼런스한다.
② /dev/urandom의 내용을 ①에서 레퍼런스한 곳에 쓴다. 효율적으로 정확히 4바이트만을 읽는다.

> array 모듈에 있는 객체와 struct 모듈에 있는 함수는 모두 버퍼 프로토콜을 다룰 수 있고 효율적으로 수행할 수 있다.

10.8 빅터 스티너 인터뷰

빅터 스티너(Victor Stinner)는 오랜 파이썬 해커이며 많은 파이썬 모듈의 핵심 기여자이자 개발자다. 그는 최근에 파이썬 내에서 메모리 블록 할당을 추적하는 새로운 tracemalloc 모듈을 제안하는 PEP 454(http://legacy.python.org/dev/peps/pep-0454/)를 썼으며 또한 간단한 AST 옵티마이저를 만들기도 했다.

파이썬 코드 최적화를 위한 좋은 전략은 무엇인가?

글쎄, 전략은 파이썬이나 다른 언어나 같다. 우선 잘 정의된 사용 케이스가 있어야 안정되고 재현 가능한 벤치마크를 할 수 있다. 믿을 만한 벤치마크가 없다면 여러 가지 최적화는 시간을 낭비하는 것이고 결국 이른 최적화를 하는 것이다. 쓸모없는 최적화는 코드를 안 좋게 만들고, 가독성을 떨어뜨릴 뿐 아니라 더 느리게 만들 수도 있다. 최소 5% 이상의 속도를 높여야 최적화의 가치가 있다.

특정 부분의 코드가 느린 것으로 밝혀졌다면, 이 코드에 대한 벤치마크가 준비되어야 한다. 작은 함수에 대한 벤치마크는 보통 마이크로 벤치마크라고 부른다. 최적화와 마이크로 벤치마크를 정당화하려면 보통 20이나 25%의 속도 향상은 있어야 한다.

서로 다른 컴퓨터와 다른 운영 체제, 다른 컴파일러에서 벤치마크를 실행해 보는 것이 흥미로울 수 있다. 예를 들어 realloc()의 성능은 리눅스와 윈도에서 크게 다르다. 피해야 할 일이지만 때로는 플랫폼에 따라 구현을 다르게 해야 할 수도 있다.

파이썬 코드를 최적화하거나 프로파일링하는 많은 다른 도구가 있다. 당신의 선택은 무엇인가?

파이썬 3.3은 벤치마크를 위해 경과된 시간을 측정하는 time.perf_counter() 함수를 새로 내놓았다. 최선의 방법이다.

테스트는 한 번 이상 해야 하며 최소 세 번 이상, 다섯 번 정도면 충분할 수 있다. 테스트를 반복하면 디스크 캐시와 CPU 캐시를 채우게 되는데 나는 타이밍을 최소화하는 것을 선호하고 다른 개발자들은 기하 평균(geometric mean)을 선호한다.[8]

마이크로 벤치마크를 위해선 timeit 모듈이 쓰기도 쉽고 결과를 빨리 낸다. 하지만 기본 매개 변수로는 결과를 신뢰하기 어렵다. 테스트는 안정적인 결과를 얻기 위해 수동으로 반복되어야 한다.

최적화는 많은 시간이 들 수 있으니 CPU 파워를 많이 쓰는 함수들에 집중하는 것이 좋다. 이러한 함수들을 찾기 위해 파이썬의 cProfile과 profile 모듈로 각 함수에 쓰인 시간을 기록할 수 있다.

성능을 향상시킬 수 있는 파이썬 트릭은 무엇이 있을까?

표준 라이브러리를 가능한 한 많이 쓰자. 표준 라이브러리는 잘 테스트되었고 보통 가장 효율적이다. 파이썬의 기본 타입들은 C로 구현되어 성능이 좋다. 또 알맞은 컨테이너를 사용하자. 파이썬은 dict, list, deque, set 등 많은 종류의 컨테이너를 제공한다.

파이썬을 최적화하는 몇 가지 해킹이 있을 수 있지만 작은 속도 향상을 위해 가독성을 떨어뜨리는 것은 피해야 한다.

「Zen of Python(PEP 20)」은 "명확하며 바람직하며 유일한 방법이 존재한다"라고 한다. 실제로 파이썬 코드를 쓰는 여러 방법이 있지만 성능은

---

[8] (옮긴이) 테스트를 반복하여 디스크와 CPU 캐시가 채워져서 결과가 아주 순수하지 않을 때 정당한 값을 추론하기 위해 어떤 개발자들은 기하 평균을 계산한다는 뜻이다.

같지 않다. 각자의 사용 케이스에 맞는 벤치마크만을 신뢰하자.

파이썬이 좋지 않은 성능을 내는 분야가 있을까? 어떤 영역에선 조심히 사용해야 할까?

일반적으로 새 애플리케이션을 만들 때 성능에 대해 걱정하지 않는다. 성급한 최적화는 악의 근원이다. 느린 함수들이 파악되면 알고리즘을 바꾸면 된다. 알고리즘이나 컨테이너 타입이 잘 선택되었다면 최고의 성능을 위해 작은 함수들을 C 언어로 재작성하는 것도 가능할 것이다.

CPython의 병목은 'GIL'로 알려진 전역 인터프리터 락(Global Interpreter Lock)이다. 두 개의 스레드가 파이썬 바이트 코드를 동시에 실행할 수 없다. 하지만 이 제한은 두 개의 스레드가 순수한 파이썬 코드만을 실행할 때 의미가 있다. 대부분의 수행 시간이 함수 호출에 사용되고 이 함수들이 GIL을 해제(release)하면 GIL은 병목이 아니다. 예를 들어 대부분의 I/O 함수들은 GIL을 해제한다.

GIL을 우회하기 위해 multiprocessing 모듈을 사용할 수 있다. 구현이 더 어렵지만, 다른 대안은 비동기적인 코드를 쓰는 것이다. 트위스티드, 토네이도, 튤립(Tulip)[9] 프로젝트는 네트워크와 관련된 라이브러리인데 이 기법을 사용한다.

성능을 좋지 않게 만드는 실수 중 가장 자주 보는 것은 무엇인가?

파이썬을 잘 이해하고 있지 못하면 비효율적인 코드를 짜기 쉽다. 예를 들어 복사가 필요 없는데 copy.deepcopy()를 쓰는 걸 본 적 있다.

다른 성능 킬러는 비효율적인 데이터 구조다. 아이템이 100개 이하라면 컨테이너 타입은 성능에 영향이 없다. 하지만 아이템이 더 많아지면 추가, 삭제, 읽기 같은 연산 복잡도와 영향을 꼭 알아야 한다.

---

[9] (옮긴이) 튤립은 파이썬 3.4에 있는 asyncio를 의미한다. 11장에 튤립에 대한 소개가 있다.

11장

the Hacker's Guide to Python

확장과 아키텍처

복원력(resiliency)과 확장성(scalability)에 대한 과대광고의 시절이니 여러분의 개발 프로세스도 조만간 확장을 고려하려 할 것이다. 이 이슈의 많은 부분은 파이썬과 특별히 관련이 있지 않지만 일부는 파이썬의 주 구현체인 CPython과 관계가 있다.

애플리케이션 확장성과 동시성, 병렬성은 초기 아키텍처와 설계에 대한 선택에 크게 좌우된다. 앞으로 살펴보겠지만 멀티스레딩 같이 파이썬에서 제대로 적용되지 않는 패러다임들도 있고 서비스 지향 아키텍처 같이 잘 동작하는 기법들도 있다.

11.1 멀티스레딩 소개

멀티스레딩은 코드를 하나의 파이썬 프로세스에서 다수의 프로세서[1]에 실행시키는 능력이다. 코드의 서로 다른 부분이 병렬로 실행될 수 있다.

멀티스레딩이 왜 필요할까? 일반적인 경우는 다음과 같다.

1. 메인 스레드 실행을 멈추지 않고 백그라운드 작업들을 수행할 필요가 있다. 예를 들어 그래픽 사용자 인터페이스에서 이벤트를 기다리는 메

---

[1] CPU가 여러 개가 아니라면 하나의 프로세서에 여러 작업을 연달아 처리한다.

인 루프가 그렇다.

2. 다수의 CPU에 워크로드를 분산하고 싶다.

처음엔 멀티스레딩이 애플리케이션을 확장하고 병렬화할 수 있는 좋은 방법으로 보인다. 워크로드를 분산하고 싶으면 한 번에 처리하려 하지 말고 요청마다 스레드를 만드는 것이다.

좋아! 고민 끝. 시작하자.

미안하지만 아니다! 우선 파이썬 세계에 오래 있었다면 아마 GIL이란 단어를 본 적이 있을 것이고 얼마나 사람들이 싫어하는지 알 것이다. GIL은 CPython이 바이트코드를 실행할 때 만드는 락이다. 불행히도 애플리케이션을 멀티스레드를 이용해 확장하려 하면 언제나 이 GIL의 한계를 벗어나지 못한다.

스레드를 쓰는 것이 이상적인 해결책처럼 보이지만 내가 본 대다수 멀티스레드 애플리케이션은 150% 정도의 CPU 사용률을 얻기 위해 안간힘을 쓰는 수준이었다. 즉 1.5코어만이 사용된다. 요즘 2, 4코어 이하의 하드웨어들이 드물다는 것을 생각해 보면 이는 부끄러운 일이다. GIL을 비난하자.

현재 GIL을 파이썬에서 제거하려는 작업은 전혀 없다. GIL을 CPython에서 제거하는 것이 그 구현과 유지 보수의 어려움에 비해 가치가 있다고 아무도 생각하지 않기 때문이다.

하지만 CPython은 다양한 파이썬 구현들 중 하나일 뿐이다. 예를 들어 Jython(http://www.jython.org/)은 GIL이 없기 때문에 다수의 스레드를 효율적으로 병렬 처리할 수 있다. 하지만 이러한 프로젝트들은 CPython보다 자연적으로 뒤떨어지기 때문에 정말 의미 있는 해결책은 아니다.

 또 다른 파이썬 구현인 PyPy는 파이썬으로 구현되었다(10.6 참고). PyPy 역시 GIL이 있지만 STM(Software Transactional Memory) 기반 구현으로 GIL을 대체하려는 매우 흥미로운 작업이 진행 중이다. STM은 우리가 미래에 멀티스레딩 프로그램을 만들고 실행하는 방법을 바꿀 수도 있는 흥미로운 것이다. 어떤 프로세서에선 하드웨어 지원을 시작하였고 리눅스 커널 개발자들 역시 커널 락을 제거하려고 하고 있다. 이는 좋은 현상이다.

이제 다시 처음으로 돌아왔다. 좋은 방법이 없을까? 그렇지 않다. 최소한 두 개의 현실적인 대안이 있다.

1. 백그라운드 작업들을 돌려야 한다면 가장 쉬운 방법은 이벤트 루프를 사용하는 애플리케이션을 만드는 것이다. 이를 제공하는 많은 라이브러리가 파이썬에 있으며 심지어 PEP 3156(http://legacy.python.org/dev/peps/pep-3156/)의 일부인 표준 라이브러리 asyncore는 이 기능에 대한 표준화 노력을 하고 있다. 트위스티드(http://twistedmatrix.com/trac/) 같은 프레임워크가 이 개념을 기반으로 구현된 것이다. 가장 진화된 라이브러리들은 시그널, 타이머, 파일 디스크립터 기반의 이벤트 접근을 가능하게 해준다. 11.3에서 이에 대해 알아볼 것이다.
2. 워크로드를 분산하고 싶다면 다수의 프로세스를 쓰는 것이 더 쉽고 효율적이다. 11.2를 보자.

이것들이 우리 같은 보통 개발자들에게 의미하는 것은 멀티스레딩을 쓰기 전에 여러 번 재고해야 한다는 것이다. 몇 년 전에 내가 만들었던 데비안 빌드 데몬인 rebuild에선 작업을 처리하기 위해 멀티스레딩을 사용했다. 각 빌드 작업을 컨트롤하는 데 스레드를 만드는 것은 간단해 보였지만 나는 곧 동시성의 함정[2]에 빠졌다. 만약 다시 시작할 수 있는 기회가 있다면 비동기적인 이벤트 처리나 멀티 프로세싱에 기반을 둔 것을 만들어서 이 문제에 대해 걱정하지 않을 것이다.

멀티스레드 애플리케이션을 제대로 만드는 것은 어렵다. 다른 어떤 것들보다도 이것이 많은 버그의 근원이며 이득이 적기 때문에 너무 많은 노력을 여기에 허비하지 않는 것이 좋다.

11.2 멀티프로세싱과 멀티스레딩

앞서 설명했듯이 멀티스레딩은 GIL 때문에 확장을 위한 좋은 방법이 아

---

[2] (옮긴이) 지은이가 빠진 동시성의 함정이 어떤 것인지 밝히진 않지만 널리 알려진 레이스 컨디션(race condition) 같은 것이 있다.

니다. 파이썬의 multiprocessing 패키지를 쓰는 것이 더 좋다. 이 패키지는 multihreading과 같은 종류의 인터페이스를 제공한다. 차이가 있다면 새 시스템 스레드를 만드는 대신 새 프로세스(fork(2)를 통해)를 만드는 것이다.

다음 프로그램은 100만 개의 임의의 정수의 합을 동시에 여덟 개의 스레드를 이용해 여덟 번 구하는 것이다.

멀티스레딩을 이용하여 작업하기

```
import random
import threading

results = []

def compute():
    results.append(sum(
        [random.randint(1, 100) for i in range(1000000)]))

workers = [threading.Thread(target=compute) for x in range(8)]
for worker in workers:
    worker.start()
for worker in workers:
    worker.join()
print("Results: %s" % results)
```

이 프로그램의 수행 성능은 다음과 같다.

예 11.1 time python worker.py의 결과

```
$ time python worker.py
Results: [50517927, 50496846, 50494093, , 50503078, 50512047
    50482863, 50543387, 50511493]
python worker.py 13.04s user 2.11s system 129% cpu 11.662 total
```

프로그램은 쉬고(idle) 있는 4코어 CPU에서 실행되었으므로 파이썬이 400%의 CPU 파워를 쓸 수 있지만 분명히 이런 성능을 못 내고 있다. 여덟 개의 스레드를 병렬로 수행하였음에도 129% 정도에 머무른다. 전체 하드웨어 성능의 32% 정도만 쓰는 것이다.

이제 이것을 multiprocessing 패키지를 써서 재작성해 보자. 매우 단순하다.

예 11.2 multprocessing을 사용해서 작업하기

```python
import multiprocessing
import random
def compute(n):
    return sum(
        [random.randint(1, 100) for i in range(1000000)])
# 8개의 작업자를 실행
pool = multiprocessing.Pool(8)
print("Results: %s" % pool.map(compute, range(8)))
```

이 프로그램을 정확히 같은 조건에서 실행하면 다음 결과를 얻을 수 있다.

예 11.3 time python worker.py의 결과

```
$ time python workermp.py
Results: [50495989, 50566997, 50474532, 50531418, 50522470,
    50488087, 50498016, 50537899]
python workermp.py 16.53s user 0.12s system 363% cpu 4.581 total
```

실행 시간이 60% 줄어들었고 363%의 CPU 파워를 사용하였으며 이는 전체 CPU 가용량의 90%를 넘는다.

multiprocessing 모듈은 효율적으로 워크로드를 다수의 로컬 프로세서에 나눌 수 있을 뿐 아니라 multiprocessing.manager 객체를 통해 네트워크를 통해서도 사용할 수 있다. 또한 프로세스들이 정보를 서로 주고받을 수 있는 양방향 통신을 지원한다.

어떤 작업을 병렬화할 수 있다고 생각되면 다수의 CPU 코어에 작업을 나누기 위해 멀티프로세싱을 쓰는 것이 좋다.

11.3 비동기와 이벤트 기반 아키텍처

이벤트 기반 프로그래밍은 멀티스레드적인 접근을 하지 않고 여러 이벤트를 한 번에 받아서 프로그램 흐름을 정리할 수 있는 좋은 방법이다.

소켓에서 접속을 받고 이에 대해 작업을 수행하는 애플리케이션을 생각해 보자. 이를 구현하기 위한 세 가지 방법이 있다.

1. 새 접속이 만들어질 때마다 새 프로세스를 포크한다. multiprocessing 모듈 같은 것을 사용한다.
2. 새 접속이 만들어질 때마다 새 스레드를 만든다. threading 모듈을 사용한다.
3. 이벤트 루프에 이 새 접속을 추가하고 이벤트가 발생하면 반응하게 한다.

요즘은 이벤트 루프를 사용해서 수백 개의 이벤트 소스를 처리하는 것이 이벤트마다 쓰레드를 만드는 것에 비해 훨씬 더 확장 가능하다는 것이 잘 알려졌다.[3] 이 두 기술이 호환되지 않는 것은 아니지만 이벤트 기반 메커니즘을 사용하면 다수의 스레드를 제거할 수 있다.

이미 첫 번째 옵션의 장단점에 대해 알아봤다. 이 장에서는 이벤트 기반 메커니즘만을 다루도록 하겠다.

이벤트 기반 아키텍처의 핵심에는 이벤트 루프를 만드는 작업이 있다. 프로그램은 이벤트가 오기 전까지 블록하는 하나의 함수를 호출한다. 핵심 아이디어는 프로그램이 입력과 출력이 끝나길 기다리면서도 작업을 할 수 있는 것이다. 대다수 기본 이벤트는 '나는 읽을 데이터가 있어'나 '멈추지 않고 데이터를 쓸 수 있어'다.

유닉스에서 이러한 이벤트 루프를 만드는 표준 함수는 select(2)나 poll(2) 시스템 호출이다. 이 함수는 이벤트를 대기하는 파일 디스크립터들을 받아서 이 중 하나가 쓰거나 읽을 준비가 되면 반응한다.

파이썬에서 select 모듈을 통해 이 시스템 호출을 쓸 수 있다. 다소 번거롭지만 이를 이용해 이벤트 기반 시스템을 만드는 것은 어렵지 않다.

예 11.4 select를 이용한 예

```
import select
import socket

server = socket.socket(socket.AF_INET,
                      socket.SOCK_STREAM)
```

---

[3] 이 문제에 대한 더 자세한 내용은 C10K 문제에서(http://www.kegel.com/c10k.html#nb.kqueue) 볼 수 있다

```
# 읽기/쓰기를 블록하지 않는다.
server.setblocking(0)

# 소켓을 포트에 바인딩한다.
server.bind(('localhost', 10000))
server.listen(8)

while True:
    # select()는 읽기와 쓰기와 예외 처리가 준비되면, 준비된 객체들을 세 개의
    # 배열로 돌려주며 이는 함수 호출 때 넘긴 세 개의 매개 변수와 대응된다.
    inputs, outputs, excepts = select.select(
        [server], [], [server])
    if server in inputs:
        connection, client_address = server.accept()
        connection.send("hello!\n")
```

이 저수준 인터페이스에 대한 래퍼는 asyncore라는 이름으로 과거에 추가되었는데 널리 쓰이지 않았고 별로 진화되지 않았다.

대신에 트위스티드나 토네이도(http://www.tornadoweb.org/)처럼 이러한 종류의 기능을 좀 더 통합적인 수준으로 제공하는 프레임워크들이 있다. 트위스티드는 이 영역에서 몇 년 동안 거의 표준적인 역할을 했다. libevent(http://libevent.org/), libev(http://software.schmorp.de/pkg/libev.html), libuv(https://github.com/joyent/libuv) 같은 파이썬 인터페이스를 제공하는 C 라이브러리들도 아주 효율적인 이벤트 루프를 제공한다.

이것들 모두 동일한 문제를 해결할 수 있지만 단점이 있다면 최근엔 너무 많은 선택 사항이 있으면서도 상호 호환이 안 된다는 것이다. 또한 대부분은 콜백 기반이라 코드를 읽을 때 프로그램 흐름이 아주 명확하지 않다.

gevent(http://www.gevent.org/)나 Greenlet(http://greenlet.readthedocs.org/)은 콜백 사용을 피할 수 있다. 하지만 내부 구현을 보면 CPython x86만을 위한 코드가 있고 표준 함수들을 멍키 패칭(monkey-patching)[4]하고 있어 겁이 난다. 아마 장기적으로 쓰고 싶지 않을 것이다.

최근에 귀도 반 로섬은 PEP 3156(http://www.python.org/dev/peps/pep-3156/)[5]에 문서화된, 코드명 tulip으로 이 문제에 대한 해결책을 제시

---

4 (옮긴이) 동적 언어에서 런타임 코드를 원래의 소스 코드 수정 없이 확장하거나 바꾸는 것을 뜻한다.
5 「Asynchronous IO Support Rebooted: the "asyncio" Module」

하였다. 이 패키지의 목표는 표준 이벤트 루프 인터페이스를 제공하는 것이다. 언젠가 모든 프레임워크와 라이브러리가 호환될 수 있을 것이다.

tulip은 파이썬 3.4에 asyncio 패키지로 이름이 바뀌고 통합되었다. 만약 파이썬 3.4에 의존할 생각이 없다면 PyPI를 통해 파이썬 3.3에 설치하는 것도 가능하다. pip install asyncio만 하면 된다. 빅터 스티너는 tulip의 백포트인 trollius(https://pypi.python.org/pypi/trollius) 프로젝트를 시작했으며 파이썬 2.6 이상 버전과 호환되는 것을 목표로 한다.

이제 모든 옵션을 알았으니 궁금할 것이다. 이벤트 기반 애플리케이션의 이벤트 루프를 만들기 위하여 어떤 것을 써야 하는가?

현시점에서 이것은 어려운 질문이다. 언어는 여전히 과도기에 있다. 이 글을 쓰는 지금, 어떤 프로젝트도 asyncio를 쓰고 있지 않다. asyncio를 쓰면 아주 도전적인 작업이 될 것이다.

이 시점에서 내 제안은 다음과 같다.

- 파이썬 2만을 목표로 한다면 asyncio는 쓸 수 없다. 내가 보기에 차선의 선택은 libev에 기반을 둔 pyev(https://pypi.python.org/pypi/pyev) 같은 것이다.
- 파이썬 2와 3 모두를 타깃으로 한다면 pyev처럼 이 모두와 호환 가능한 것을 쓰는 게 좋다. 하지만 언젠가 asyncio로 넘어가야 함을 인지하고 있자. 최소한의 추상화 레이어를 두어 이벤트와 관련된 내부적인 것들을 나머지 코드에 드러내지 않는 것도 좋은 생각이다. 모험적이라면 asyncio/trollius와 섞어 보는 것도 좋은 방안일 수 있다.
- 파이썬 3만을 목표로 하면 asyncio를 쓰라. 많은 문서나 예제가 없어서 시작하기 어렵겠지만 이는 안전한 선택이다. 개척자가 되는 것이다.

예 11.5 pyev 예제

```
import pyev
import socket

server = socket.socket(socket.AF_INET,
                       socket.SOCK_STREAM)
# 읽기/쓰기 연산을 블록하지 않는다.
```

```
server.setblocking(0)

# 소켓을 포트에 바인드한다.
server.bind(('localhost', 10000))
server.listen(8)
def server_activity(watcher, revents):
    connection, client_address = server.accept()
    connection.send("hello!\n")
    connection.close()

loop = pyev.default_loop()
watcher = pyev.Io(server, pyev.EV_READ, loop, server_activity)
watcher.start()
loop.start()
```

보다시피 pyev 인터페이스는 이해하기 쉽다. 입출력을 위한 Io 객체를 지원하며 자식 프로세스와 타이머, 시그널 그리고 호출할 콜백이 언제 쉬는 (idle) 상태가 되는지 추적할 수 있다. 또한 libev는 자동으로 시스템의 운영 체제를 파악해서 리눅스의 epoll(2)이나 BSD의 kqueue(2)를 폴링에 사용한다.

11.4 서비스 지향 아키텍처

지금까지 설명한 문제와 해결책을 생각해 보면 확장성과 크고 복잡한 애플리케이션의 사용성에 대한 파이썬의 결점은 우회하기 어려워 보인다. 하지만 파이썬은 서비스 지향 아키텍처(Service-oriented Architecture, SOA)를 구현하는 데 탁월하다. 이 개념에 대해 익숙지 않다면 이에 대한 많은 문서나 의견을 온라인에서 볼 수 있다.

SOA는 오픈스택에서 모든 컴포넌트에 대해 사용하는 아키텍처다. 컴포넌트는 HTTP REST를 외부 클라이언트들(최종 사용자들)과 통신에 사용하며 다른 통신은 널리 쓰이는 AMQP[6] 같이 추상화된 RPC를 사용한다.

주로 누구와 커뮤니케이션을 할지 알아야 이것들 중 어떤 커뮤니케이션 채널을 사용할지 선택할 수 있다.

---

6 (옮긴이) AMQP는 메시지 큐에 대한 표준 프로토콜이며 OpenAMQ나 아파치 큐피드(Apache Qpid) 같은 구현이 있다. OpenAMQ를 만든 아이매트릭스(iMatrix)는 다른 벤더들과 이견 때문에 AMQP 표준에서 탈퇴하여 제로MQ를 만들었다.

API를 외부에 노출할 때 요즘 선호되는 채널은 HTTP이고 특히 REST 같은 상태를 가지지 않는 아키텍처를 선호한다. 이러한 아키텍처는 구현과 확장, 배포와 이해가 쉽다.

하지만 API를 내부적으로 노출하고 사용할 때는 HTTP는 최고의 프로토콜이 아닐 수 있다. 애플리케이션들을 위한 많은 커뮤니케이션 프로토콜이 있으며 이 중 어느 것이라도 완전하게 설명하려면 책 한 권 분량이 될 것이다.

파이썬에서 RPC 시스템을 구현하는 라이브러리는 많다. 콤부(Kombu, http://kombu.readthedocs.org)는 다른 것과 달리 많은 백엔드 위에서 RPC 메커니즘을 제공하기 때문에 흥미롭다. AMQ(http://www.amqp.org) 프로토콜이 주된 것이지만 레디스(Redis, http://redis.io), 몽고DB (https://www.mongodb.org), 빈스톡(BeanStalk, http://kr.github.io/beanstalkd/), 아마존 SQS(http://aws.amazon.com/sqs/), 카우치DB (http://couchdb.apache.org), 주키퍼(ZooKeeper, http://zookeeper.apache.org)도 지원한다.

이렇게 약한 결합의 아키텍처를 사용하면 많은 것을 간접적으로 얻을 수 있다. 만약 각 모듈이 API를 제공한다면 우리는 이 API를 노출하는 다수의 데몬을 실행할 수 있다. 예를 들어 아파치 httpd는 새로운 접속을 처리하는 새로운 작업자(worker)를 새 시스템 프로세스를 사용하여 만들고, 접속을 같은 네트워크의 노드에서 돌아가는 다른 작업자에 할당할 수 있다. 필요한 것은 API를 제공하는 우리 작업자들 간에 작업을 할당하는 것이다. 이 각 부분은 서로 다른 파이썬 프로세스인데, 앞서 설명했듯이 워크로드를 줄이기 위해서 이것이 멀티스레딩보다 좋다. 원한다면 각 컴퓨팅 노드에서 여러 작업자를 실행할 수 있으며 필수는 아니지만 상태가 없는 블록을 사용하는 것이 언제나 좋다.

제로MQ(http://zeromq.org)는 동시성 프레임워크로 사용할 수 있는 소켓 라이브러리다. 다음 예제는 이전 예제에서 본 것과 같은 작업을 구현하지만 작업을 배치하고 통신하기 위해 제로MQ를 사용한다.

제로MQ를 써서 작업하기

```python
import multiprocessing
import random
import zmq

def compute():
    return sum(
        [random.randint(1, 100) for i in range(1000000)])

def worker():
    context = zmq.Context()
    work_receiver = context.socket(zmq.PULL)
    work_receiver.connect("tcp://0.0.0.0:5555")
    result_sender = context.socket(zmq.PUSH)
    result_sender.connect("tcp://0.0.0.0:5556")
    poller = zmq.Poller()
    poller.register(work_receiver, zmq.POLLIN)

    while True:
        socks = dict(poller.poll())
        if socks.get(work_receiver) == zmq.POLLIN:
            obj = work_receiver.recv_pyobj()
            result_sender.send_pyobj(obj())

context = zmq.Context()
# 송신을 위한 채널을 만든다.
work_sender = context.socket(zmq.PUSH)
work_sender.bind("tcp://0.0.0.0:5555")
# 계산된 결과를 받을 수신 채널을 만든다.
result_receiver = context.socket(zmq.PULL)
result_receiver.bind("tcp://0.0.0.0:5556")
# 8개의 작업자를 실행한다.
processes = []
for x in range(8):
    p = multiprocessing.Process(target=worker)
    p.start()
    processes.append(p)
# 작업자에 일을 할당한다.
for x in range(8):
    work_sender.send_pyobj(compute)
# 8개의 작업자에서 결과를 읽는다.
results = []
for x in range(8):
    results.append(result_receiver.recv_pyobj())
# 모든 프로세스를 종료한다.
for p in processes:
    p.terminate()
print("Results: %s" % results)
```

이렇게 제로MQ를 사용하면 채널들 간의 통신을 쉽게 구축할 수 있다. 여기서는 제로MQ가 네트워크를 넘어 작업할 수 있음을 보이기 위해 TCP 통신 레이어를 사용하였다. 제로MQ가 유닉스 소켓들을 사용하는 inproc 통신 채널을 제공하는 것 역시 알아두자. 책을 간결하게 하려고 이 예는 아주 단순하게 만들었지만 더 복잡한 통신 레이어 구축도 어렵지 않다.

이러한 프로토콜과 함께 완전한 분산 애플리케이션 통신을 제로MQ, AMQP 같은 네트워크 메시지 버스를 써서 구축할 수 있다.

HTTP나 제로MQ 또는 AMQP 같은 프로토콜은 프로그래밍 언어와 중립적인 것이다. 다른 언어와 플랫폼을 시스템의 일부분을 구현하기 위해 사용할 수 있다. 우리는 파이썬이 좋은 언어라는 데 동의하지만 다른 팀은 다른 것을 선호할 수 있고 어떤 종류의 문제는 다른 언어가 더 좋은 방법일 수 있다.

애플리케이션의 결합을 깨기 위해 운송 버스(transport bus)를 쓰는 것은 좋은 선택이다. 이것은 하나의 컴퓨터에서 수천까지 확장될 수 있는 동기/비동기적 API를 구현할 수 있게 해준다. 특별한 기술과 언어에 종속되지 않게 해주므로 더 이상 분산 시스템을 만들기 위해 기다릴 필요가 없고, 프로그래밍 언어가 제약이 되지 않는다.

12장

the Hacker's Guide to Python

관계형 데이터베이스와 ORM

RDBMS(relational database management system: 관계형 데이터베이스 관리 시스템)와 ORM(object-relational mapping: 객체 관계 매핑)은 예민한 주제이지만 늦든 빠르든 이것들을 다룰 필요가 있다. 대다수 애플리케이션은 어떤 종류의 데이터를 저장해야 하고 개발자들은 보통 이를 위해 관계형 데이터베이스를 선택한다. 그리고 개발자가 관계형 데이터베이스를 선택하면 거의 항상 ORM 라이브러리도 선택하게 된다.

 이 장은 다른 장보다 파이썬과 관련이 덜하므로 편하게 마음먹자. 여기서는 관계형 데이터베이스에 대해 다루지만 많은 내용은 다른 종류의 데이터베이스에 대해서도 적용될 수 있을 것이다.

RDBMS는 관계형 데이터를 정규 형태로 저장하고 SQL은 관계 대수학을 다룬다. 이를 합쳐 데이터를 저장하고 데이터에 대한 질문에 답할 수 있다. 하지만 객체 지향 프로그램에서 ORM을 쓰면 '객체-관계 임피던스 미스매치(object-relational impedance mismatch)'로 알려진 몇 가지 공통적인 문제가 있다. 요컨대 관계형 데이터베이스와 객체 지향 프로그램은 데이터에 대해 서로 다른 표현형을 가지고 있기 때문에 하나가 다른 것으로 완전히 매핑되지 않는다. 어떤 일을 하든 SQL 테이블을 파이썬 클래스로 매핑하면 최상의 결과를 내기 어렵다.

ORM은 쿼리를 생성하는 과정을 추상화하거나 사람 대신 SQL을 생성하는 것 같이 데이터베이스 시스템에 대한 접근을 쉽게 할 수 있다. 하지만 예상할 수 있듯이 조만간 이 추상화 레이어가 허용하지 않는 일을 데이터베이스에서 하고 싶을 것이다. 데이터베이스를 가장 효율적으로 쓰기 위해서는 무조건 SQL과 RDBMS를 이해하고 이런 추상화 레이어에 기대지 않고 쿼리를 직접 작성하여야 한다.

하지만 ORM을 완전히 피해야 한다는 것은 아니다. ORM은 애플리케이션 모델을 빨리 프로토타이핑하는 데 도움이 되고, 일부는 스키마 업그레이드/다운그레이드에 유용한 도구를 제공한다. 중요한 것은 ORM이 RDBMS에 대한 완전한 통제를 대체할 수 없음을 이해하는 것이다. 많은 개발자가 RDBMS가 제공하는 모델 API 대신 자신들이 선택한 언어로 문제를 해결하려고 노력하지만 그 결과는 최선의 경우에도 우아하지 않다.

메시지를 기록하기 위한 SQL 테이블 하나를 상상해 보자. 테이블은 프라이머리 키가 될 id 칼럼과, 메시지를 저장할 문자열 칼럼으로 구성된다.

```
CREATE TABLE message (
  id serial PRIMARY KEY,
  content text
);
```

메시지를 받을 때 중복을 피하고 싶다면, 흔히 다음과 같은 코드를 쓸 것이다.

```
if message_table.select_by_id(message.id):
    # 이미 메시지가 존재하므로 무시하고 예외를 발생시킨다.
    raise DuplicateMessage(message)
else:
    # 메시지를 추가한다.
    message_table.insert(message)
```

대부분의 경우 이 코드는 잘 동작하지만 몇 가지 중요한 문제들이 있다.

- SQL 스키마에 이미 명시된 제약을 구현하였다. 즉 코드 중복의 일종이다.
- 두 개의 SQL 쿼리를 수행하였다. SQL 쿼리가 오래 걸릴 수 있고 네트

워크에서 SQL 서버와의 왕복이 필요하니 본질과 무관한 지연을 만드는 것이다.
- 앞의 코드는 우리가 select_by_id를 호출한 다음과 insert를 호출하기 전에 누군가 중복 메시지를 넣을 가능성을 고려하지 않았다. 이 경우 예외가 발생할 것이다.

더 나은 방법은 RDBMS 서버를 그저 바보 같은 저장소라 여기지 말고 협력을 하는 것이다.

```
try:
    # 메시지 삽입
    message_table.insert(message)
except UniqueViolationError:
    # 중복
    raise DuplicateMessage(message)
```

이는 정확히 같은 작업을 더 효율적이고 아무런 경합 조건(race condition) 없이 수행한다. 이 아주 간단한 패턴은 모든 면에서 ORM과도 충돌하지 않는다. 개발자들이 SQL 데이터베이스를 바보 같은 저장소라고 생각하여 SQL에 이미 선언한 제약을 모델 코드보다는 컨트롤러 코드에 중복으로 넣는 경향이 문제인 것이다.

SQL 백엔드를 모델 API라 여기는 것은 SQL을 효율적으로 사용할 수 있는 좋은 방법이다. RDBMS에 저장된 데이터를 SQL 언어로 프로그래밍된 간단한 함수를 호출해서 조작할 수 있다.

ORM이 필요해지는 다른 문제는 여러 데이터베이스를 지원할 때다. 많은 ORM 라이브러리가 이 기능을 과대광고하지만 이는 의심 없는 개발자들을 낚기 위한 함정이나 다름없다. 어떤 ORM 라이브러리도 모든 RDBMS 기능에 대해 완벽한 추상화를 제공하지 못한다. 그래서 코드를 대부분의 RDBMS에 유효한 기본적인 기능들에 맞추어서 짜야 하고 결국 추상화 레이어를 깨지 않으면 고급 RDBMS 기능을 사용할 수 없다.

타임스탬프 연산 같은 간단한 것들도 SQL에선 표준화되지 않았다. ORM을 쓰면 코드를 RDBMS에 중립적으로 써야 하기 때문에 이것이 문제가 될 수 있다. 이것을 명심하고 애플리케이션과 잘 맞는 RDBMS를 고르자.

ORM 라이브러리의 문제를 완화시키는 한 가지 방법은 2.3에서 본 것처럼 이를 격리하는 것이다. 이는 ORM 라이브러리를 어떤 필요에 의해 교체하는 것을 가능하게 해줄 뿐 아니라 비효율적인 쿼리를 쓰는 부분을 찾아내서 ORM을 우회하는 방식으로 SQL 사용을 최적화할 수 있다.

예를 들어 myapp.storage 같은, 애플리케이션의 모듈 하나에서만 ORM을 사용하면 이러한 격리를 쉽게 할 수 있다. 이 모듈은 높은 수준의 추상화 단계에서 데이터를 가공할 수 있는 함수와 메서드만을 외부에 노출해야 한다. ORM은 그 모듈에서만 사용해야 한다. 추후에 언제든 myapp.storage를 대체하기 위해 같은 API를 제공하는 모듈을 만들 수 있다.

결과적으로 이 절의 목표는 ORM에 대한 찬반 토론에서 한쪽 편에 서기 위한 것이 아니다. 이의 장단점에 대한 논의는 인터넷에 충분히 많다. 이 절의 요점은 SQL과 RDBMS에 대해 잘 아는 것이 이것들의 잠재력을 모두 끌어내기 위해 얼마나 중요한지에 대한 이해를 돕는 것이다.

파이썬에서 가장 흔히 쓰이는 ORM 라이브러리는 (논쟁의 여지가 있지만 사실상의 표준이라 할 수 있는) SQLAlchemy(http://www.sqlalchemy.org)다. 이 라이브러리는 많은 데이터베이스 백엔드를 지원하며 대부분의 공통된 연산에 대한 추상화를 제공한다. alembic(https://pypi.python.org/pypi/alembic)이라는 외부 패키지를 통해 스키마 업그레이드도 처리할 수 있다.

장고(https://www.djangoproject.com/) 같은 프레임워크는 자신만의 ORM 라이브러리를 제공한다. 이러한 프레임워크를 쓰기로 결정했다면 프레임워크가 제공하는 라이브러리를 쓰는 것이 좋다.

> 대다수 프레임워크가 사용하는 MVC(Model View Controller) 아키텍처는 잘못 사용되기 쉽다. 이것들은 ORM을 충분한 추상화 없이 모델에서 바로 구현하기 쉽게 해준다. 뷰나 컨트롤러의 어디에서도 모델을 쓰는 코드는 ORM을 직접 쓰는 것이며 이는 우리가 피해야 하는 것이다. ORM으로 구성된 것이 아니라 ORM을 포함하는 데이터 모델을 만들어야 한다. 이런 방식이 테스트를 더 쉽게 하고 좋은 격리를 만들어 다른 저장 기술로 변경해야 할 때 쉽게 작업할 수 있다.

12.1 플래스크와 PostgreSQL을 이용한 데이터 스트리밍

앞 절에서 RDBMS를 습득하는 것이 얼마나 중요한지 말했다. 여기선 HTTP 이벤트 스트리밍 시스템을 구현하기 위해 PostgreSQL의 고급 기능을 어떻게 사용할 수 있는지 보자.

이 간단한 애플리케이션의 목적은 메시지를 SQL 테이블에 저장하고 HTTP REST API를 통해 이 메시지에 대한 접근을 제공하는 것이다. 각 메시지는 채널 번호와 소스 문자열, 내용 문자열로 구성된다. 이 테이블을 만드는 코드는 아주 간단하다.

예 12.1 메시지 테이블 만들기

```sql
CREATE TABLE message (
  id SERIAL PRIMARY KEY,
  channel INTEGER NOT NULL,
  source TEXT NOT NULL,
  content TEXT NOT NULL
);
```

또한 이 메시지를 클라이언트에 스트리밍해서 실시간으로 처리할 수 있게 하고 싶다. 이를 위해 PostgreSQL의 기능인 LISTEN(http://www.postgresql.org/docs/9.2/static/sql-listen.html)과 NOTIFY(http://www.postgresql.org/docs/9.2/static/sql-notify.html)를 쓸 것이다. 이것들은 우리가 만든 함수에서 보낸 메시지를 대기할 수 있게 해준다.

예 12.2 notify_on_insert 함수

```sql
CREATE OR REPLACE FUNCTION notify_on_insert() RETURNS trigger AS $$
BEGIN
  PERFORM pg_notify('channel_' || NEW.channel,
                    CAST(row_to_json(NEW) AS TEXT));
  RETURN NULL;
END;
$$ LANGUAGE plpgsql;
```

이 코드는 pl/pgsql로 트리거 함수를 만든 것이다. 이 언어는 PostgreSQL만 이해할 수 있다. 이 함수를 다른 언어, 예를 들어 PostgreSQL에 내장된 파이썬 인터프리터가 제공하는 pl/python 언어를 이용해서도 만들 수도

있다.

이 함수는 pg_notify를 호출한다. 실제로 노티피케이션을 보내는 함수다. 첫 번째 인자는 채널을 나타내는 문자열이며, 두 번째는 실제 페이로드[1]가 되는 문자열이다. 채널 값을 이용해서 동적으로 채널을 정의할 수 있다. 이 경우 페이로드는 하나의 데이터베이스 열(row)을 JSON 포맷으로 만든 것이 된다. PostgreSQL 네이티브하게 열을 JSON으로 변환할 수 있다.

메시지 테이블에 INSERT가 실행될 때마다 노티피케이션 메시지를 보내고 싶다. 즉 이 함수를 어떤 이벤트에 트리거가 되도록 해야 한다.

예 12.3 notify_on_insert에 대한 트리거

```
CREATE TRIGGER notify_on_message_insert AFTER INSERT ON message
FOR EACH ROW EXECUTE PROCEDURE notify_on_insert();
```

이게 끝이다. 이 함수는 이제 메시지 테이블에 성공적으로 INSERT가 수행될 때마다 실행될 것이다.

이제 psql에서 LISTEN을 사용해서 실제로 동작하는지 확인해 보자.

```
$ psql
psql (9.3rc1)
SSL connection (cipher: DHE-RSA-AES256-SHA, bits: 256)
Type "help" for help.

mydatabase=> LISTEN channel_1;
LISTEN
mydatabase=> INSERT INTO message(channel, source, content)
mydatabase-> VALUES(1, 'jd', 'hello world');
INSERT 0 1
Asynchronous notification "channel_1" with payload
"{"id":1,"channel":1,"source":"jd","content":"hello world"}"
received from server process with PID 26393.
```

열이 추가되자마자 노티피케이션이 전송되어 PostgreSQL 클라이언트를 통해 이것을 받을 수 있다. 이제 할 일은 이 이벤트를 스트리밍하는 파이썬 애플리케이션을 만드는 것이다.

---

[1] (옮긴이) 커뮤니케이션 시스템에서 오고 가는 실제 콘텐츠를 페이로드라고 부르곤 한다.

예 12.4 파이썬에서 노티피케이션 받기

```
import psycopg2
import psycopg2.extensions
import select

conn = psycopg2.connect(database='mydatabase', user='myuser',
                       password='idkfa', host='localhost')

conn.set_isolation_level(
    psycopg2.extensions.ISOLATION_LEVEL_AUTOCOMMIT)

curs = conn.cursor()
curs.execute("LISTEN channel_1;")

while True:
    select.select([conn], [], [])
    conn.poll()
    while conn.notifies:
        notify = conn.notifies.pop()
        print("Got NOTIFY:", notify.pid, notify.channel, notify.
            payload)
```

앞의 코드는 psycopg2 라이브러리를 이용해서 PostgreSQL에 접속하였다. SQLAlchemy 같은 추상화 라이브러리를 쓸 수도 있지만 ORM 라이브러리 중 어느 것도 PostgreSQL의 LISTEN/NOTIFY 기능에 대한 접근을 제공하지 않는다. 물론 ORM 라이브러리가 데이터베이스 접속을 도와줄 수 있지만 이 예에서 다른 기능들이 전혀 필요하지 않기 때문에 ORM을 쓸 의미가 없다.

이 프로그램은 channel_1에서 대기하다가 노티피케이션을 받으면 화면에 출력한다. 프로그램을 실행하고 message 테이블에 열을 추가하면 다음 결과를 볼 수 있다.

```
$ python3 listen.py
Got NOTIFY: 28797 channel_1
{"id":10,"channel":1,"source":"jd","content":"hello world"}
```

이제 간단한 HTTP 프레임워크인 플래스크로 웹 애플리케이션을 만들자. HTML5에서 정의된 Server-Sent Events 메시지 프로토콜을 이용해서 데이터를 보낸다.

예 12.5 플래스크 스트리밍 애플리케이션

```python
import flask
import psycopg2
import psycopg2.extensions
import select

app = flask.Flask(__name__)

def stream_messages(channel):
    conn = psycopg2.connect(database='mydatabase', user='mydatabase',
                            password='mydatabase', host='localhost')
    conn.set_isolation_level(
        psycopg2.extensions.ISOLATION_LEVEL_AUTOCOMMIT)

    curs = conn.cursor()
    curs.execute("LISTEN channel_%d;" % int(channel))

    while True:
        select.select([conn], [], [])
        conn.poll()
        while conn.notifies:
            notify = conn.notifies.pop()
            yield "data: " + notify.payload + "\n\n"

@app.route("/message/<channel>", methods=['GET'])
def get_messages(channel):
    return flask.Response(stream_messages(channel),
                          mimetype='text/event-stream')

if __name__ == "__main__":
    app.run()
```

이 애플리케이션은 예제의 목적에 맞게 스트리밍만을 지원하는 아주 간단한 것이다. 우리는 GET /message/〈channel〉을 라우팅하기 위해 플래스크를 사용하였다. 코드가 실행되면 text/event-stream 타입의 결과가 리턴되고 문자열 대신 제네레이터 함수를 돌려준다. 플래스크는 이 함수를 실행해서 제네레이터가 yield할 때마다 결과를 전송할 것이다.

stream_messages 제네레이터는 PostgreSQL 노티피케이션을 받았던 앞의 코드를 재사용하였다. 채널 구분자를 인자로 받고 그 채널을 기다리다가 페이로드를 yield한다. PostgreSQL의 JSON 인코딩 함수를 트리거 함수에서 사용했음을 명심하자. 그래서 이미 JSON 포맷 데이터를 PostgreSQL에서 받으며 이 데이터를 HTTP 클라이언트에 보내므로 추가로 인/디코딩 작업을 하지 않아도 된다.

 단순화를 위해 이 예제 애플리케이션은 하나의 파일로 만들었다. 여러 모듈로 된 예를 책에서 설명하기란 쉽지 않아서다. 실제 애플리케이션이라면 스토리지를 다루는 쪽을 다른 파이썬 모듈로 옮기는 것이 좋을 것이다.

이제 서버를 실행하자.

```
$ python listen+http.py
 * Running on http://127.0.0.1:5000/
```

다른 터미널에서 접속을 하고 추가된 이벤트를 받을 수 있다. 데이터를 받지 않으면 접속은 계속 열려 있다.

```
$ curl -v http://127.0.0.1:5000/message/1
* About to connect() to 127.0.0.1 port 5000 (#0)
*   Trying 127.0.0.1...
* Adding handle: conn: 0x1d46e90
* Adding handle: send: 0
* Adding handle: recv: 0
* Curl_addHandleToPipeline: length: 1
* - Conn 0 (0x1d46e90) send_pipe: 1, recv_pipe: 0
* Connected to 127.0.0.1 (127.0.0.1) port 5000 (#0)
> GET /message/1 HTTP/1.1
> User-Agent: curl/7.32.0
> Host: 127.0.0.1:5000
> Accept: */*
>
```

이제 message 테이블에 열을 추가하자

```
mydatabase=> INSERT INTO message(channel, source, content)
mydatabase-> VALUES(1, 'jd', 'hello world');
INSERT 0 1
mydatabase=> INSERT INTO message(channel, source, content)
mydatabase-> VALUES(1, 'jd', 'it works');
INSERT 0 1
```

curl이 실행 중인 터미널에서 값이 들어올 것이다.

```
data: {"id":71,"channel":1,"source":"jd","content":"hello world"}

data: {"id":72,"channel":1,"source":"jd","content":"it works"}
```

이 애플리케이션을 이식 가능하게[2] 만들 수 있는 단순한 구현은 테이블에 새 데이터가 추가되었는지를 확인하기 위해 SELECT 문을 루프를 돌며 계속 실행하는 것이다. 하지만 이렇게 푸시 시스템을 사용하는 것이 데이터베이스를 폴링하는 것보다 훨씬 효율적이기 때문에 그것을 선보일 필요는 없을 것 같다.

12.2 디미트리 폰테인 인터뷰

나는 10년 전에 디미트리 폰테인(Dimitri Fontaine)을 처음 만났다. 그는 2ndQuardrant(http://2ndquadrant.com)에서 일하는 PostgreSQL의 주요 기여자다. pgsql-hackers 메일링 리스트에선 다른 데이터베이스 구루와 논쟁한다. 우리는 많은 오픈 소스 탐험을 함께 했으며 그는 친절하게도 데이터베이스를 다루는 일에 대한 질문에 답해 주었다.

RDBMS를 저장소로 쓰려는 개발자들에게 어떤 조언을 해줄 것인가? 그들이 꼭 알아야 하는 것은 무엇인가?

그 질문에는 내가 강조하고 싶은 잘못된 가정이 숨어 있다. 이번 기회에 명확히 할 수 있으니 아주 좋은 질문으로 보인다. 만약 이 질문에 문제가 없다고 생각한다면 내가 앞으로 할 대답들을 주의 깊게 읽어보면 좋겠다.

아주 지루한 것부터 시작하자. RDBMS는 관계형 데이터베이스 시스템을 의미한다. 이 괴수들은 1970년대에 모든 애플리케이션 개발자가 그 시절에 해결해야 했던 공통된 문제들을 해결하기 위해 만들어졌다. 이렇게 구현된 RDBMS의 주된 목적은 데이터 저장소가 아니다. 그건 다른 개발자들도 RDBMS 없이 이미 잘할 줄 알던 것이었다.

RDBMS가 제공하는 주요 기능들은 다음과 같다.

- 동시성: 원하는 만큼 많은 스레드가 동시에 읽고 쓰기 위해 데이터에 접

---

[2] MySQL 같은 다른 RDBMS와도 호환되게 할 수 있다.

근하는 것을 RDBMS는 정확하게 처리한다. 이것이 RDBMS의 핵심 기능이다.

- 동시성에 대한 의미론(semantics): RDBMS를 사용하게 되면서 동시성 행위에 대한 자세한 내용, 원자성(atomicity)과 격리(isolation) 같은 고차원 명세 용어들이 제안되었다. 이것들이 ACID에서 가장 중요한 것들이다. 원자성은 트랜잭션을 시작(BEGIN)하고 (COMMIT이나 ROLLBACK을 통해) 완료하는 시간 사이에 다른 동시적인 행위가 그것이 무엇이든지 허용돼서는 안 된다는 것이다. DDL(Data Definition Language, CREATE TABLE이나 ALTER TABLE 같은 것이 DDL이다)을 사용하는 정상적인 RDBMS를 쓴다면 말이다. 격리는 트랜잭션 내부에서 시스템의 동시적인 행위에 대해 인지할 수 있는 것을 정의한다. SQL 표준은 4단계의 격리를 정의하며 트랜잭션 격리 문서(http://www.postgresql.org/docs/9.2/static/transaction-iso.html)에 설명되어 있다.

RDBMS는 데이터에 대한 모든 책임을 진다. 그래서 개발자들이 일관성에 대한 규칙을 설명할 수 있게 해주고 이 규칙들이 제약 선언에 있는 연기가능성(deferability)에 근거해 트랜잭션 커밋이나 명령이 있을 때 지켜지고 있는지 확인해준다.

데이터에 대한 첫 번째 제약은 기대되는 입력과 출력 포맷이며 이것들은 적절한 데이터 타입을 통해 정의된다. 제대로 된 RDBMS는 문자와 숫자, 날짜보다 훨씬 다양한 타입을 어떻게 다루는지 알 것이고 오늘날 쓰이는 달력에 나타나는 날짜를 적절하게 다룰 수 있다(요즘 율리우스력은 많이 쓰이지 않는다. 아마 역사를 다루지 않는 이상 그레고리안력을 원할 것이다).

하지만 데이터 타입은 입력과 출력 포맷에 대한 것만은 아니다. 이것들은 또한 우리가 기대하는 기본적인 대등성 검사를 통해 어떤 수준의 다형성을 구현한다. 우리는 문자열과 숫자를 비교하지 않고 날짜와 IP 주소, 박스와 라인, 불리언과 원, UUID와 XML, 배열과 범위를 같은 방식으로 비교하지 않는다.

데이터 보호 역시, 데이터 타입을 통해 정의된 일관성 규칙에 맞지 않는 데이터를 적극적으로 거부하는, 제대로 된 RDBMS을 선택하는 것에 달렸다. 만약 0000-00-00 같이 존재하지 않는 날짜를 다루는 것이 괜찮다고 생각하면 재고해야 할 것이다.

일관성의 다른 부분은 제약이라는 용어로 표현된다. CHECK 제약들, NOT NULL 제약, 그리고 외부 키로 알려진 제약 트리거 등이 있다. 이것들 모두 데이터 타입 정의와 행위에 대한 사용자 수준의 확장으로 생각될 수 있고 DEFER 검사에 대한 선택으로 이 제약들이 검사되는 시점을 다르게 할 수 있다.

RDBMS에서 관계형(relation)이라는 말은 데이터 모델링과 관계에서 찾을 수 있는 모든 튜플이 공통의 규칙인 구조와 제한의 공유를 보장하는 것이다. 이것들을 강요해서 데이터를 다루기 위해 명백한 스키마를 쓸 것을 강요할 수 있다.

데이터를 적절한 스키마로 만드는 것을 정규화(normalization)라고 부르는데 설계에서 미묘하게 다른 수많은 정규 형식(normal forms)들을 목표로 할 수 있다. 하지만 때때로 정규화 작업의 결과보다 더 많은 유연함이 필요하다. 데이터 스키마를 정규화할 때의 조언은 우선 정규화를 하고 필요로 하는 유연함을 위해 어떻게 비정규화(denormalize)할지 보라는 것이다. 어떤 것도 필요하지 않다고 깨달을 가능성이 있다.

더 유연함이 필요할 때 PostgreSQL을 쓴다면 초심자를 위한 몇 가지 비정규화 옵션을 선택할 수 있다. 합성 타입, 레코드, 배열, hstore, JSON이나 XML 등이다.

하지만 이 비정규화는 중요한 약점이 있다. 쿼리 언어는 정규화된 데이터를 다루기 위해 설계되었기 때문이다. 최근 PostgreSQL에선 물론 합성 타입이나 배열, hstore나 JSON을 쓸 때 쿼리 언어가 가능한 한 많은 비정규화를 지원하도록 확장되었다.

RDBMS는 꼭 해야 하는 잘 정제된 보안 모델의 구현을 도와줄 수 있을 만큼 충분히 데이터에 대해 알고 있다. 접근 패턴은 관계와 칼럼 단계에서 관리되며 PostgreSQL은 또한 SECURITY DEFINER 스토어드 프로시저를 구현하여 예민한 데이터를 suid 프로그램을 쓰는 것과 같이 잘 통제된 환경에서 접근할 수 있게 해준다.

RDBMS는 1980년대에 사실상 표준이 되고 지금은 위원회가 이끄는 SQL을 통해 데이터에 접근할 수 있게 해준다. PostgreSQL의 경우 많은 확장 기능이 주요 릴리스에 다 추가되어 아주 풍부한 DSL 언어를 사용할 수 있다. 쿼리 플래닝과 최적화는 RDBMS에서 처리되므로 우리는 원하는 데이터에 대한 결과를 묘사하는 선언적 쿼리에만 집중하면 된다.

이는 또한 NoSQL에 신경을 쓰지 않아도 되는 이유다. 이 트렌디한 제품의 대부분은 사실상 SQL 언어를 제거했을 뿐 아니라 개발자들이 기대하는 많은 기반들도 없앴기 때문이다.

내 조언은 '저장소(storage backend)'와 RDBMS의 차이를 염두에 두라는 것이다. 이 둘은 아주 다른 서비스다. 그저 데이터를 저장하길 원한다면 RDBMS를 고려하지 않을 것이다.

하지만 대부분의 경우 완전한 RDBMS가 필요하다. 이때 최고의 선택은 PostgreSQL이다. 문서를 읽고 PostgreSQL이 제공하는 데이터 타입, 연산자, 함수, 기능과 확장을 보자. 블로그 포스트에서 사용 예제를 보자.

PostgreSQL을 애플리케이션 아키텍처에 포함해서 개발을 끌어올릴 수 있는 도구로 생각하자. 우리가 구현해야 하는 서비스의 일부는 RDBMS 레이어에서 이미 최고 수준으로 제공하고 있고 PostgreSQL은 전체 구현에서 신뢰할 수 있는 부분에 우뚝 서 있다.

ORM을 쓰거나 안 쓰는 최고의 방법은 무엇인가?

SQL은 Structured Query Language의 약자이고 PostgreSQL의 경우 튜링 완전(Turing Complete) 언어다. 이 구현과 최적화는 단순하지 않다.

ORM의 아이디어는 데이터베이스 관계와 클래스를, 데이터베이스 튜플과 클래스 인스턴스를 1대1로 매칭한다는 것이다.

PostgreSQL 같은 RDBMS에서도 강한 정적 타입을 구현하고 관계를 정의하는 것은 즉시 이루어진다. 각 쿼리의 결과는 새로운 관계다. 각 서브 쿼리 관계는 서브 쿼리 동안만 의미가 있는 새로운 관계다. INNER이든 OUTER이든 각 JOIN은 결과에서 새로운 관계를 동적으로 만든다.

ORM이 흔히 CRUD 애플리케이션이라 부르는 것에서 잘 동작한다는 사실은 쉽게 이해할 수 있다. CRUD에서 읽기(Read) 부분을 하나의 테이블만을 다루는 아주 간단한 SELECT 문에 제한하면 말이다. 복잡한 결과 리스트에서 필요한 것보다 더 많은 칼럼을 가지고 오는 것의 영향을 측정해서 비교해 보자. 이제 ORM이 모든 필드를 다 포함하고 있다면 RDBMS가 외부 데이터를 가지고 (압축을 풀고) 올 것을 강제하고, RDBMS와 애플리케이션 사이에 SSL을 쓴다면 다시 압축을 해야 할 수도 있다. 또한 사용되는 네트워크 대역폭을 고려해 보고 우리가 백만분의 1초 만에 가지고 올 수 있는 간단한 프라이머리 키 기반 쿼리를 측정하고 있음을 고려해 보자.

그래서 RDBMS에서 결과적으로 쓰지 않는 모든 칼럼을 다 가지고 오는 것은 귀중한 자원에 대한 단순한 낭비이며 확장성을 낮추는 첫 번째 요인이다.

우리가 선택한 ORM이 우리가 원하는 데이터만을 가지고 온다면 각 상황에서 정확한 칼럼의 리스트를 어떻게든 관리해야 하고, 자동으로 모든 필드를 다 만들어주는 간단히 추상화된 메서드를 쓰는 것을 피해야 한다.

CURD 쿼리의 다음은 간단한 INSERT, UPDATE, DELETE 문들이다. 우선 이 모든 명령은 PostgreSQL 같은 진화된 RDBMS를 쓰면 조인과 서브셀렉트를 허용한다. 그리고 PostgreSQL은 RETURNING 절을 통해 우리가 방금 수정한 것들에 대한 기본적인 키 값 번호나 BEFORE ⟨action⟩ 트리거로 정의된 계산된 값과 같이 어떤 데이터든 돌려줄 수 있다.

ORM이 이것을 아는가? 이것들을 이용하기 위해 어떤 문법이 있는가?

일반적인 경우 관계는 테이블이거나 Set REturning Function 호출의 결과이거나 또는 어떤 쿼리의 결과다. ORM을 쓸 때는 관계 매핑을 정의된 테이블과 어떤 모델 클래스들, 또는 다른 헬퍼와 하는 것이 일반적이다.

전체 SQL 의미론을 일반적으로 고려해 보면 관계 매핑은 클래스와 어느 쿼리와도 매핑할 수 있어야 한다. 그러면 실행하는 모든 쿼리에 해당하는 클래스를 만들어야 한다.

'충분히 강한 컴파일러'의 전설은 ORM에도 적용된다. 이 전설에 대해 더 궁금하면 제임스 호그(James Hague)의 「충분히 똑똑해지는 것(On Being Sufficiently Smart, http://prog21.dadgum.com/40.html)」을 읽어봐라.

이 생각은 우리가 관심 있는 데이터에 대한 정확한 집합을 얻기 위해 충분한 정보를 ORM에 제공하지도 않고 우리가 직접 하는 것보다 ORM이 효율적인 SQL 쿼리를 더 잘 만든다고 믿을 때 정확히 적용된다.

때때로 이는 사실이다. SQL은 아주 복잡해질 수 있다. 하지만 제어할 수 없는 API나 SQL 생성기를 통해서는 이 근처에도 갈 수 없다.

지금까지 ORM에 대해 전형적인 반론을 펼쳤으니 이제 입장을 바꿔서 말해 보겠다.

문자열로 SQL 쿼리를 만드는 것은 확장 가능하지 않다. 여러 제한(WHERE 문)을 결합하고 더 자세한 정보를 가지고 오기 위해 결합(JOIN)을 서브쿼리에 동적으로 추가하고 싶을 것이다.

지금 내 생각에, 우리가 진정으로 원하는 것은 ORM이 아니라 SQL 쿼리를 프로그래밍 인터페이스에서 조립하는 좋은 방안이다.

이 문제에 대해 정확히 올바른 추상화를 제안하는 PostgreSQL 드라이버가 있다. S-SQL과 함께 제공되는 커먼 리스프 라이브러리, Postmodern(http://marijnhaverbeke.nl/postmodern/)이다. 물론 리스프 그 자체로 조립 가능한 컴포넌트를 쉽게 프로그래밍할 수 있게 해주기도 한다.

현실적으로 두 가지 경우는 마음 편히 ORM을 쓸 수 있다. 가능한 한 빨리 ORM을 코드에서 제거할 것을 받아들일 생각이 있다면 말이다.

- 시장에 빨리 출시되어야 할 경우: 정말로 급하고 시장 점유율을 가능한 한 빨리 얻길 원한다면 애플리케이션과 아이디어의 첫 번째 버전을 릴리스하는 것이 유일한 방법이다. 팀이 직접 SQL 쿼리를 쓰는 것보다 ORM에 익숙하다면 ORM을 쓰자. 하지만 애플리케이션으로 성공하자마자 해결해야 할 첫 번째 확장성 문제가 ORM이 만든 정말 좋지 않은 쿼리와 ORM 사용 때문에 내린 나쁜 설계 결정임을 깨달아야 한다. 하지만 이 지점에 왔다면 리팩터링에 들일 수 있는 충분한 돈이 있어

ORM에 관련된 어떤 의존성도 제거할 수 있을 것이다. 그렇지 않은가?
- CRUD 애플리케이션: 정말 한 번에 하나의 튜플만을 수정하고 성능에 전혀 신경을 쓰지 않을 때다. 간단한 관리 애플리케이션 인터페이스 같은 것을 만들 때 쓰자.

파이썬과 함께 쓰는 경우 PostgreSQL을 다른 데이터베이스와 비교할 때 장단점이 있는가?

개발자로서 PostgreSQL을 고르는 이유는 다음과 같다.

- 커뮤니티 지원: PostgreSQL 커뮤니티는 새 사용자를 아주 환영하고 가능한 한 최고의 답을 주기 위해 문제를 완전히 이해하는 데 충분한 시간을 들인다. 메일링 리스트는 여전히 커뮤니티와 소통하기 위한 최고의 방법이다. 자세한 것은 PostgreSQL 메일링 리스트(http://www.postgresql.org/list/)를 참고해라.
- 데이터 무결성과 내구성: PostgreSQL에서 보는 모든 데이터는 그 정의 자체로도 실제로 안전하다.
- 데이터 타입, 함수, 연산자, 배열과 범위: PostgreSQL은 아주 풍부한 데이터 타입과 이를 처리하는 연산자와 함수들을 가지고 있다. 배열이나 JSON 데이터 타입을 사용하여 비정규화하는 것도 가능하고 이것들과 함께 조인과 같은 복잡한 쿼리를 쓰는 것도 가능하다. 예를 들어 ~ 정규표현식 연산자가 있다는 것을 아는가? 그리고 regexp_split_to_array나 regexp_split_to_table 함수들에 대해 아는가?
- 플래너와 옵티마이저: 이것들이 얼마나 강력하고 복잡한지 정말로 이해하기 위해선 아는 것에 대해 한계를 끌어올려야 한다. 나는 수백만 분의 일초 단위에서 실행되는 두세 쪽 분량의 긴 쿼리를 계속해서 보곤 한다.
- 트랜잭션되는 DDL: 거의 어떤 명령이든 ROLLBACK하는 것이 가능하다. 지금 해 보자. psql 셸을 열고 BEGIN; DROP TABLE foo; ROLLBACK; 이 명령을 foo 대신 로컬 인스턴스에 실제로 있는 테이블 이름으로 바꿔서 실행해 보자. 멋있지 않나?
- INSERT INTO ... RETURNING: 우리는 INSERT 문에서 id 값과 같이

어떤 것이든 직접적으로 돌려줄 수 있다. SELECT 문을 써서 다시 네트워크를 순환하는 것을 아낄 수 있다.

- WITH (DELETE FROM ... RETURNING *) INSERT INTO ... SELECT: PostgreSQL은 WITH 쿼리로 알려진 공통 테이블 표현식(Common Table Expression)을 쿼리에서 지원하며 RETURNING 절에 대한 지원으로 DML 명령 또한 여기서 지원한다. 놀랍지 않은가?

- 윈도 함수들, CREATE AGGREGATE: 윈도 함수가 무엇인지 모른다면 PostgreSQL 매뉴얼에서 이에 대해 읽어보거나 내 블로그에서 「Understanding Window Functions(http://tapoueh.org/blog/2013/08/20-Window-Functions)」를 읽어 보라. 그러면 PostgreSQL이 모든 존재하는 aggregate를 윈도 함수로 쓸 수 있음을 알 것이고 SQL에서 동적으로 새 집합을 정의할 수 있는 것도 알 수 있을 것이다.

- PL/Python(그리고 C, SQL, 자바스크립트나 루아): 코드를 데이터가 있는 서버에서 실행할 수 있다. 그래서 결과를 네트워크를 통해 가지고 와서 다음 단계의 JOIN을 위해 가공하여 다시 돌려주지 않아도 된다. 어떤 것이든 전부 서버에서 할 수 있다.

- 명확한 인덱싱(Gist, GIN, SP-GiST, partial & functional): PostgreSQL 내에서 데이터를 가공하기 위해 파이썬 함수를 만들 수 있는 걸 아는가? 그래서 WHERE 절에서 그 함수를 호출하면 그 쿼리에서 데이터와 함께 한 번만 호출되고 인덱스 내용과 직접적으로 매치되는 걸 아는가? PostgreSQL은 2차원 타입(범위, 기하 등)이나 컨테이너 데이터 타입 같은 정렬 불가능한 데이터 타입에 대해서도 인덱스 프레임워크를 제공한다. 대부분의 경우는 즉시 지원되고 확장 시스템으로 더 많은 것을 할 수 있다. Additional Supplied Modules(http://www.postgresql.org/docs/9.3/static/contrib.html)와 PostgreSQL Extension Network (http://pgxn.org)를 보자.

- 확장: 유연한 인덱싱으로 키/값을 저장하는 hstore나 중첩된 태그를 인덱싱하는 ltree, 정규표현식 검색에 대한 인덱싱과 언앵커드 LIKE 쿼리

를 지원하는 간단한 전체 텍스트 검색 솔루션인 pg_trgm, IP 주소 범위에 대한 빠른 검색을 하는 ip4r, 그리고 더 많은 것이 있다.

- 외부 데이터 래퍼: 외부 데이터 래퍼는 SQL/MED(management of external data) 표준을 구현하는 완전한 확장이다. 아이디어는 CREATE SERVER 명령을 통해 커넥션 드라이버를 PostgreSQL 서버에 내장하는 것이다. PostgreSQL은 외부 데이터 래퍼 작성자에게 API를 제공하여 원격 데이터를 읽고 쓰고 효율적인 조인 능력을 위해 where 문도 제공한다. 다른 기술에서 유지 보수하는 데이터를 PostgreSQL의 진화된 SQL 능력과 함께 쓸 수 있다.

- LISTEN/NOTIFY: PostgreSQL은 비동기 서버-클라이언트 프로토콜을 구현하였다. 애플리케이션은 어떤 데이터에 대한 UPDATE 같이 흥미로운 일이 생기면 서버에서 메시지를 받을 수 있다. NOTIFY 명령은 데이터 페이로드를 받을 수 있는데, 예를 들어 객체가 삭제되거나 업데이트되면 제거할 객체의 아이디를 캐시 애플리케이션에 알려줄 수 있다. 물론 이 노티피케이션은 트랙잭션이 실제로 성공적인 COMMIT이 되었을 때만 발생한다.

- COPY 스트리밍 프로토콜: PostgreSQL은 스트리밍 프로토콜을 구현하여 완전히 통합된 리플리케이션을 구현하는 데 사용한다. 이제 이 프로토콜은 애플리케이션에서 사용할 수 있을 만큼 쉽고 인상적인 성능 향상을 보여준다. 한 번에 꽤 많은 열을 다루고 있다면 임시 테이블에 COPY를 사용하고 이 임시 테이블을 합치는 하나의 명령을 만들 수 있다. PostgreSQL은 모든 데이터 수정 명령(insert, update, delete)에 있는 서로 다른 테이블들을 어떻게 합치는지 알고, 배치 오퍼레이션은 보통 훨씬 빠르다.

13장

the Hacker's Guide to Python

파이썬 3 지원 전략

파이썬 3는 2008년 12월에 릴리스되었지만 내가 아는 한, 지금 이 순간 어느 시스템도 파이썬 3를 기본 파이썬 인터프리터로 탑재하고 있진 않다. 무려 나온 지 5년이나 지났는데도 말이다.

문제는, 알다시피 파이썬 3는 파이썬 2와 호환성을 깨버렸다는 것이다. 파이썬 3.0이 출시된 후 파이썬 3와 파이선 2.6과의 차이가 너무 커지자, 사람들은 파이썬 3로 건너가기보다는 파이썬 3를 겁내거나 외면하였다.

그런데 파이썬 2.7이 파이썬 3.1의 많은 기능을 백포트하면서 차이가 줄어들기 시작했다. 많은 것이 계속 파이썬 2.7의 하위 버전에 들어왔고 이제 파이썬 2.7과 파이썬 3.3을 동시에 지원하는 것이 어렵지 않아졌다.

파이썬 3로 포팅하는 것에 대한 공식 문서(http://docs.python.org/2/howto/pyporting.html)가 있지만 추천하지 않는다. 이 문서는 대부분을 파이썬 2 코드를 파이썬 3로 바꿔주는 도구인 2to3에 할당하고 있으며 프로젝트에서 파이썬 3만을 위한 브랜치를 제안하는 내용도 있다.

이는 아주 좋지 않은 충고다. 몇 년 전엔 가장 적합한 충고였겠지만 지금 파이썬 2.7과 3.3 사이의 호환성을 고려해 보면 이 방식은 잊는 것이 좋다.

 파이썬 3에서 파이썬 2로 바꾸어주는 도구인 3to2도 있지만 앞에서 밝힌 이유로 사용하지 않는 것이 좋다.

우선 2to3는 마법의 도구가 아니며 항상 정상적인 결과를 내놓지는 않는다. 포팅에서 많은 양을 차지하는 문법 변화를 처리해주지만 파이썬 2와 하위 호환성을 유지하지 않으며 언젠가는 문법 변화를 직접 다루어야 할 것이다. 또한 2to3를 실행하는 것은 느리다. 이렇듯 이 도구는 장기적으로 좋은 해결책이 아니다. 어떤 가이드는 setup.py에서 이를 실행하라는 제안도 있지만 이는 너무 모험적이다.

어떤 문서들은 파이썬 2와 파이썬 3를 위해 다른 브랜치를 사용하라고 조언한다. 경험상 이것은 관리가 어렵고 사용자들이 어떤 버전을 써야 할지 혼란스러워진다. 게다가 어떤 브랜치를 사용하는지 명시하지 않은 버그 리포트를 받기 시작하면 더 힘들어진다.

더 나은 방법은 파이썬 2와 파이썬 3를 모두 지원하는 하나의 코드 베이스를 사용하는 것이다. 오픈스택 프로젝트도 이를 위해 노력하고 있다.

결국 코드가 두 파이썬에서 정상으로 동작하는지 확인하는 유일한 방법은 단위 테스트를 사용하는 것이다. 단위 테스트가 없다면 코드가 두 버전에서 잘 작동할지 확신하는 것은 불가능하다. 테스트 코드가 전혀 없다면 우선 테스트 코드 커버리지를 빨리 높이자. 우선 6장을 보아도 된다.

tox는 여러 파이썬 버전에서 자동화 테스트를 할 수 있게 해준다. 6.7에서 자세히 알아보았다.

단위 테스트와 tox 설정이 되어 있다면 쉽게 두 파이썬에 대한 테스트를 할 수 있다.

```
tox -e py27,py33
```

고장 나는 게 있다면 수정하고 다시 tox를 실행하자. 모든 테스트를 통과할 때까지 계속하자. 제대로 하고 있다면 코드 베이스가 완전히 파이썬 2와 파이썬 3를 지원하는 순간까지 느리더라도 에러는 꾸준히 줄어들 것이다.

파이썬을 위해 만든 C 모듈을 포팅해야 하면 문서를 읽고 코드를 포팅하는 것 외에 해줄 조언이 별로 없다. 가능하면 cffi(http://cffi.readthedocs.org)를 쓰도록 재작성하는 것도 좋다.

다음 절에서 포팅을 하면서 만나게 될 몇 가지 문제를 알아보자. 대부분의 이론은 파이썬 3에서 파이썬 2로 포팅한다 해도 적용될 수 있지만 우선 파이썬 2 코드가 있음을 가정하겠다.

13.1 언어와 표준 라이브러리

파이썬 3에서 언어적인 면이 급격히 바뀌진 않았다. 이미 본 적이 있겠지만 파이썬 3에서 바뀐 모든 것을 이 책에서 다룰 수는 없다. 항상 온라인에서 찾아 볼 수 있다. 『Porting to Python 3(http://python3porting.com/)』라는 책에서 파이썬 3를 지원하기 위해 바꾸어야 하는 것들을 전반적으로 잘 알려준다.

파이썬 3에서 바뀐 점을 본 적이 없다면 한 번 보는 것이 좋다. 파이썬 3는 좋은 언어다. 예외적인 것들이 아주 줄어들었고 여러 면에서 객체 기반의 더 깔끔한 인터페이스를 가지고 있다. 파이썬 3를 좋아하게 될 것이다.

하지만 큰 호환성 문제가 있다. 어떤 구문에 대한 문법 변화(예를 들어 예외 검사)는 이전의 파이썬 코드와 호환성을 유지하지 않아서 이런 코드를 다 고치는 게 쉽진 않을 것이다. 1.4에서 사용 중인 비호환 코드를 고칠 수 있게 도와주고, 비호환 코드를 더 만들지 않게 해줄 도구를 알아보자.

파이썬 3를 지원하려면 2.6 미만과 3.3을 동시에 지원하지 말아야 한다. 파이썬 2.6에 파이썬 3로의 포팅을 도와주는 호환 기능들이 처음 들어왔으므로 2.6 미만의 버전은 포기하는 것이 좋다.

가장 큰 영향을 미치는 변화는 아마 문자열 처리일 것이다. 이전에 unicode라 불렸던 것이 파이썬 3에선 str이다. 모든 문자열이 유니코드이며 u'foobar'[1]와 'foobar'는 동일한 문자다.

unicode를 구현하는 클래스들은 모두 함수를 str로 이름을 바꾸어야 한다. 다음과 같은 데코레이터로 이를 자동화할 수 있다.

---

[1] u 접두어는 파이썬 3.0에서 사라졌으나 파이썬 3.3에서 다시 도입됐다. PEP 414(http://legacy.python.org/dev/peps/pep-0414/)를 보라.

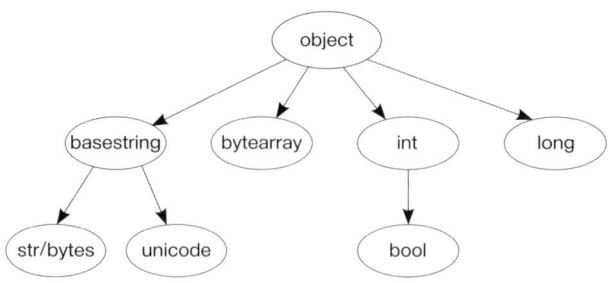

그림 13.1 파이썬 2 베이스 클래스들

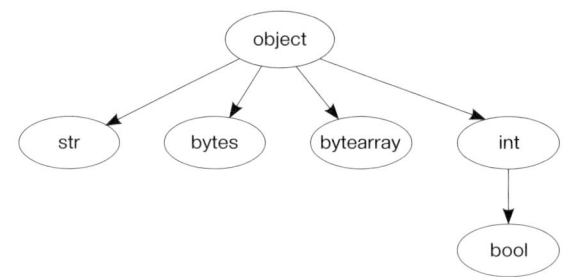

그림 13.2 파이썬 3 베이스 클래스들

```
# -*- encoding: utf-8 -*-
import six

# 파이썬 3의 __str__ 함수를 파이썬 2에 맞게 백포팅한다.
def unicode_compat(klass):
    if not six.PY3:
        klass.__unicode__ = klass.__str__
        klass.__str__ = lambda self: self.__unicode__
().encode('utf-8')
    return klass

@unicode_compat
class Square(object):
    def __str__(self):
        return u"■ " + str(id(self))
```

모든 파이썬 버전이 유니코드를 돌려주는 메서드 하나를 구현하면 되며 이 데코레이터는 이에 대한 호환성 문제를 해결해준다.

파이썬 2.6에 소개된 unicode_literals도 편리하게 유니코드 문제를 해결할 수 있게 해준다.

```
>>> 'foobar'
'foobar'
>>> from __future__ import unicode_literals
>>> 'foobar'
u'foobar'
```

파이썬 3에서는 (range 같은) 많은 함수가 리스트 대신 반복 가능한 객체를 돌려준다. keys나 items 같은 딕셔너리 메서드도 반복 가능한 객체를 돌려주며 iterkey나 iteritems 같은 메서드는 없어졌다.[2] 이는 큰 변화지만 six(13.3에서 다룬다)의 도움을 받아 처리할 수 있다.

표준 라이브러리도 파이썬 3에서 발전하였지만 크게 염려할 것은 아니다. 어떤 모듈은 이름이나 위치가 바뀌었지만 결과적으로 레이아웃이 더 깔끔해졌다. 어떤 모듈이 바뀌었는지에 대한 공식 리스트는 없지만 '꽤 좋은 리스트(http://docs.pythonsprints.com/python3_porting/py-porting.html)'를 참고해도 되고 검색 엔진을 통해 많은 정보를 얻을 수 있다.

13.3에서 알아볼 six도 호환성을 유지하기 위한 많은 도움을 준다.

13.2 외부 라이브러리

두 파이썬을 지원하기 위한 첫 번째 목표는 지금 사용하고 있는 외부 라이브러리다. 2.3의 외부 라이브러리 체크 리스트에는 파이썬 3 지원 여부가 있었으므로 이 체크 리스트를 잘 따랐다면 아무 문제가 안 되겠지만 과거에 시작한 프로젝트가 있거나 이미 실수를 하였을지도 모른다.

불행히도 이 상황을 해결할 수 있는 마법의 기술은 없다. 하지만 라이브러리가 전체 코드 베이스에 퍼지지 않도록 격리하라는 충고를 잘 따라왔다면 대체하는 것을 생각해 볼 수 있다. 사실 의존 중인 라이브러리가 파이썬 3를 지원할 가능성이 크게 보이지 않으면 이것이 최선의 방법이다. 작거나 중간 규모의 라이브러리들은 큰 프레임워크보다 쉽게 파이썬 3로 포팅할 수 있으니 이것들로 처음 포팅을 경험해 볼 수도 있다.

---

2 (옮긴이) iter라는 이름이 붙은 메서드가 보통 파이썬 2에서 리스트 대신 반복 가능한 객체를 돌려주는 '변종' 기능이었고 파이썬 3에선 의미가 없어졌다.

PyPI에서 패키지를 보면 'Programming Language :: Python :: 2'와 'Programming Language :: Python :: 3'라는 귀중한 분류를 확인할 수 있다. 이를 통해 패키지가 지원하는 파이썬 버전을 알 수 있지만 최신 정보가 아닐 수 있으니 주의하자.

오픈스택에서 초기에 선택했던 외부 라이브러리 중 동시성 네트워크 라이브러리인 eventlet(https://github.com/eventlet/eventlet)이 있었다. 그런데 eventlet은 아직 파이썬 3를 지원하지 않으며 파이썬 2.5를 여전히 계속 지원한다. 즉 파이썬 3 전환이 요원해 보인다. 오픈스택에서 파이썬 3에 대한 어떠한 호환성 검사를 하기 전인 정말 오래전에, 이 선택을 했었는데 이제 이 모듈이 조만간 큰 이슈가 될 것이다. 이 문제를 어떻게 해결할지 명확한 계획이 여전히 없다.

부디 이런 실수를 하지 않기를 바란다!

13.3 six 사용하기

지금까지 본 것처럼 파이썬 3는 이전 버전과 호환성을 깨고 여러 기능을 개선하였다. 하지만 언어의 기본은 변하지 않았기 때문에 변환 레이어 같은 것을 두는 것도 가능하다. 한 모듈이 필요한 상/하위 호환을 구현하여 파이썬 2와 파이썬 3 사이의 가교 역할을 하는 것이다.

six(http://pythonhosted.org/six/) 모듈이 이러한 역할을 한다. 이름이 six인 이유는 2 곱하기 3이 6(six)이기 때문이다.

six의 첫 번째 기능은 six.PY3 변수다. 이 불리언 값은 코드가 파이썬 3에서 실행 중인지 아닌지를 알게 해준다. 이 변수를 축으로 삼아 파이썬 2 코드와 파이썬 3 코드를 나눌 수 있다. 하지만 조심해서 사용하지 않으면 코드가 if six.PY3로 뒤덮여서 작업이 어려워질 것이다.

'8.1 제네레이터'에서 봤듯이 파이썬 3는 리스트 대신 반복 가능한 객체를 돌려주는 좋은 기능을 가지고 있다. dict.iteritems는 없어지고 dict.items가 리스트 대신 이터레이터를 돌려준다. 하지만 이 변화는 명백히 기존 코드를 망가트린다. six가 제공하는 six.iteritems는 이 문제를 해결해준다.

```
for k, v in mydict.iteritems():
    print(k, v)
```

이렇게 바꾸자.

```
import six

for k, v in six.iteritems(mydict):
    print(k, v)
```

만세. 파이썬 3 호환이 눈앞에 왔다! 이와 같이 six가 제공하는 헬퍼 함수를 사용하여 호환성을 높일 수 있다.

raise 문법 역시 파이썬 3에서 바뀌었는데[3] 예외를 재발생(re-raise)시키려면 six.reraise를 쓰자.

메타클래스 역시 파이썬 3에서 완전히 바뀌었다. 이 변화를 처리하기 위해서도 six의 도움을 받을 수 있다. 예를 들어 abc 추상 클래스를 메타클래스로 쓰고 있다면 six를 써서 다음과 같이 작업할 수 있다.

```
import abc
from six import with_metaclass

class MyClass(with_metaclass(abc.ABCMeta, object)):
    pass
```

문자열과 유니코드 문제를 해결하지 않고선 파이썬 3에 대해 논할 수 없다. 파이썬 2에서는 기본 아스키(ASCII) 문자열만을 다루는 str이 기본 문자열 타입이었고, 나중에 추가된 unicode 타입이 실제 문자열을 다루었다. 파이썬 3에선 여전히 기본 문자열 타입이 str이지만 파이썬 2 unicode 클래스의 속성들을 공유하며 많은 고급 인코딩을 다룰 수 있다. 기본적인 글자(character) 스트림을 다루기 위해 bytes 타입을 str 대신 쓸 수 있다.

이 변화를 처리하기 위해 six는 six.u와 six.string_types를 제공하며, 정수 호환성을 위해 six.integer_types를 쓰면 파이썬 3에서 제거된 long 타

---

[3] 인자를 하나만 받는다.

입을 처리할 수 있다.

13.1에서 언급한 것처럼 어떤 모듈은 파이썬 3에서 이름이 바뀌었는데 six의 six.moves라는 모듈을 사용하면 이 변화를 손쉽게 처리할 수 있다.

예를 들어 ConfigParser 모듈은 파이썬 3에서 configparser로 이름이 바뀌었다. 파이썬 2에서 ConfigParser를 쓰면 다음과 같다.

```
from ConfigParser import ConfigParser

conf = ConfigParser()
```

다음과 같이 포팅하면 두 파이썬에서 문제없이 동작한다.

```
from six.moves.configparser import ConfigParser

conf = ConfigParser()
```

 six.add_move를 사용해서 다른 모듈 이동도 처리하도록 추가할 수 있다.

물론 six 라이브러리가 모든 호환성 이슈를 커버해줄 수는 없다. 이 경우 six를 캡슐화하는 호환성 모듈을 만드는 것도 좋은 방안이다. 하나의 모듈에 격리시킴으로써 미래의 파이썬 버전을 위해 이를 강화하거나 특정 파이썬 버전에 대한 지원을 중단할 때 (일부분을) 정리할 수 있다. six는 오픈소스이니 자신만의 수정들을 관리하는 대신 공헌하는 것도 가능함을 알아두자.

마지막으로 언급할 것은 modernize(https://pypi.python.org/pypi/modernize) 모듈이다. 이는 2to3를 감싼 라이브러리인데 문법을 파이썬 3만 실행되는 코드로 바꾸는 대신 six 모듈을 사용한 코드로 변환한다. 이는 표준 2to3 도구보다 나은 선택이며 많은 일을 대신해주므로 포팅을 시작하기 위한 큰 출발점이 될 수 있을 것이다. 시도해 보자.

14장

the Hacker's Guide to Python

더 적은 코드로 많은 일하기

이번에는 더 나은 코드를 짤 수 있게 도와주는 흥미로운 고급 기능을 알아 볼 것이다.

14.1 싱글 디스패처

나는 파이썬이 리스프의 괜찮은 서브셋(subset)이라고 말하곤 하는데 시간이 지나면서 점점 더 사실에 가까워지는 것 같다. PEP 443(http://python.org/dev/peps/pep-0443/)에 CLOS의 제네릭 함수와 비슷한 방식으로 제네릭 함수를 디스패치하는 방식이 소개되었다.

리스프에 익숙하다면 이것이 새롭지는 않을 것이다. 커먼 리스프의 기본 컴포넌트 중 하나인 리스프 객체 시스템은 메서드를 정의하고 디스패 칭하는 좋은 방법을 제공한다. 리스프의 제네릭 메서드가 어떻게 동작하는지 알아보자(파이썬 책에 리스프 코드를 소개할 수 있어서 즐겁다).

우선 어떤 부모 클래스나 속성도 없는 기본 클래스를 만들자.

```
(defclass snare-drum ()
  ())

(defclass cymbal ()
  ())
```

```
(defclass stick ()
  ())

(defclass brushes ()
  ())
```

부모 클래스도, 인자도 없는 snare-drum, cymbal, stick, brushes 클래스를 정의하였다. 이 클래스들은 드럼 세트를 구성하며, 연주를 위해 이것들을 결합할 수 있다. 이제 두 개의 인자를 받고 소리를 (문자열로) 내는 play 메서드를 만들자.

```
(defgeneric play (instrument accessory)
  (:documentation "Play sound with instrument and accessory."))
```

제네릭 메서드 하나만 정의하였다. 어떤 클래스와도 연결되어 있지도 않으니 아직 호출될 수 없다. 이 시점에선 이 메서드가 제네릭이고 여러 인자와 함께 호출된다는 것을 객체 시스템에 알렸을 뿐이다. 이제 snare-drum을 연주하는 여러 메서드를 구현해 보자.

```
(defmethod play ((instrument snare-drum) (accessory stick))
  "POC!")

(defmethod play ((instrument snare-drum) (accessory brushes))
  "SHHHH!")
```

이 코드에선 실제 메서드를 정의하였다. 두 개의 인자는 snare-drum의 인스턴스를 받는 instrument와 stick 또는 brushes의 인스턴스를 받는 accessory다.

여기서 파이썬이나 이와 비슷한 객체 시스템과 CLOS와의 주요 차이점을 알 수 있을 것이다. 메서드는 특정 클래스와 결합되지 않는다. 메서드는 제네릭한 것이고 어떤 클래스라도 구현할 수 있다.

이제 연주를 하자.

```
* (play (make-instance 'snare-drum) (make-instance 'stick))
"POC!"

* (play (make-instance 'snare-drum) (make-instance 'brushes))
"SHHHH!"
```

```
* (play (make-instance 'cymbal) (make-instance 'stick))
debugger invoked on a SIMPLE-ERROR in thread
#<THREAD "main thread" RUNNING {1002ADAF23}>:
  There is no applicable method for the generic function
    #<STANDARD-GENERIC-FUNCTION PLAY (2)>
  when called with arguments
    (#<CYMBAL {1002B801D3}> #<STICK {1002B82763}>).

Type HELP for debugger help, or (SB-EXT:EXIT) to exit from SBCL.

restarts (invokable by number or by possibly-abbreviated name):
  0: [RETRY] Retry calling the generic function.
  1: [ABORT] Exit debugger, returning to top level.

((:METHOD NO-APPLICABLE-METHOD (T)) #<STANDARD-GENERIC-FUNCTION PLAY
    (2)> #<CYMBAL {1002B801D3}> #<STICK {1002B82763}>) [fast-method]
```

보다시피 어떤 함수가 호출될지는 인자로 넘기는 인스턴스의 클래스에 달려 있다. 즉 객체 시스템은 우리가 넘긴 인자의 클래스에 따라 알맞은 함수를 디스패치(dispatch)한다. 만약 객체 시스템이 모르는 인스턴스로 play를 호출하면 에러가 발생한다.

상속 역시 파이썬의 super()와 동일한(더 강력하고 더 에러 가능성이 적은) (call-next-method)를 통해 가능하다.

```
(defclass snare-drum () ())
(defclass cymbal () ())

(defclass accessory () ())
(defclass stick (accessory) ())
(defclass brushes (accessory) ())

(defmethod play ((c cymbal) (a accessory))
  "BIIING!")

(defmethod play ((c cymbal) (b brushes))
  (concatenate 'string "SSHHHH!" (call-next-method)))
```

이 예에서 우리는 accessory의 서브 클래스인 stick과 brushes를 정의하였다. cymbal을 연주하는 play 메서드는 어떤 종류의 accessory인지와 상관없이 BIIING!을 연주한다. 하지만 brushes 인스턴스를 받으면 이 메서드가 아닌 가장 엄밀한 메서드가 먼저 호출되며 (call-next-method) 함수는 가장 가까운 부모 메서드를 호출하여, 이 예에서 (call-next-method)는

"BIIING"을 돌려준다.

```
* (play (make-instance 'cymbal) (make-instance 'stick))
"BIIING!"

* (play (make-instance 'cymbal) (make-instance 'brushes))
"SSHHHH!BIIING!"
```

CLOS는 또한 eql 문을 사용해 클래스의 특정 인스턴스에만 동작하는 특성화된 메서드도 만들 수 있다.

CLOS가 제공하는 여러 기능에 대해 정말 궁금하다면 제프 달튼(Jeff Dalton)의 「brief guide to CLOS(http://www.aiai.ed.ac.uk/~jeff/clos-guide.html)」를 읽어보길 권한다.

파이썬 3.4에서 functools 모듈에 포함된 singledispatch 함수는 지금까지 살펴본 워크플로의 간단한 버전을 구현한 것이다. 똑같진 않지만 앞에 나온 리스프 코드와 흡사한 코드를 만들 수 있다.

```
import functools

class SnareDrum(object): pass
class Cymbal(object): pass
class Stick(object): pass
class Brushes(object): pass

@functools.singledispatch
def play(instrument, accessory):
    raise NotImplementedError("Cannot play these")

@play.register(SnareDrum)
def _(instrument, accessory):
    if isinstance(accessory, Stick):
        return "POC!"
    if isinstance(accessory, Brushes):
        return "SHHHH!"
    raise NotImplementedError("Cannot play these")
```

우리는 클래스 네 개를 정의하고 NotImplementedError를 발생시키는 기본 play 메서드를 만들었다. 그리고 SnareDrum 악기를 위한 이 함수의 특성화된 버전을 만들었다. 이 함수는 인자로 넘어오는 accessory 타입을 검사하고 이에 맞는 소리를 문자열로 돌려주거나 accessory를 인지하지 못하면 NotImplementedError를 발생시킨다.

이 프로그램을 실행하면 다음과 같다.

```
>>> play(SnareDrum(), Stick())
'POC!'
>>> play(SnareDrum(), Brushes())
'SHHHH!'
>>> play(Cymbal(), Brushes())
Traceback (most recent call last):
  File "<stdin>", line 1, in <module>
  File "/home/jd/Source/cpython/Lib/functools.py", line 562, in wrapper
    return dispatch(args[0].__class__)(*args, **kw)
  File "/home/jd/sd.py", line 10, in play
    raise NotImplementedError("Cannot play these")
NotImplementedError: Cannot play these
>>> play(SnareDrum(), Cymbal())
Traceback (most recent call last):
  File "<stdin>", line 1, in <module>
  File "/home/jd/Source/cpython/Lib/functools.py", line 562, in wrapper
    return dispatch(args[0].__class__)(*args, **kw)
  File "/home/jd/sd.py", line 18, in _
    raise NotImplementedError("Cannot play these")
NotImplementedError: Cannot play these
```

singledistpach 모듈은 첫 번째 인자를 검사하고 적절한 버전의 play 메서드를 호출한다. object 클래스에 대해선 처음 정의된 함수가 항상 실행되는 함수이며 그래서 등록하지 않은 instrument 인스턴스를 사용하면 이 베이스 함수가 호출된다.

singledispatch를 써 보고 싶다면 PyPI(https://pypi.python.org/pypi/singledispatch/)를 통해 파이썬 2.6부터 3.3까지 가능하다.

리스프 버전 코드에서 봤듯이, CLOS는 하나가 아닌 메서드 프로토타입에 정의된 모든 인자에 대해 적절한 메서드를 가지고 올 수 있는 다중 디스패처를 제공한다. 하지만 파이썬의 디스패처는 첫 번째 인자에 대해서만 디스패치를 할 수 있기 때문에 singledispatch라고 이름 지어졌다. 귀도 반 로섬은 몇 년 전 이에 대해 「multimethod(http://www.artima.com/weblogs/viewpost.jsp?thread=101605)」라는 짧은 기사를 쓴 적이 있다.

그리고 부모 함수를 직접 호출할 수 있는 방법은 없다. 리스프의 (call-next-method)나 파이썬의 super()와 대응되는 것은 없다. 이 한계를 우회하기 위해 다양한 트릭을 사용해야 할 것이다.

정리해 보면 파이썬이 이러한 방향으로 가는 것은 아주 기쁘고 객체 시스템을 강화하는 강력한 방법이지만 CLOS가 기본으로 제공하는 많은 고급 기능에 비하면 많이 부족하다고 볼 수 있다.

14.2 콘텍스트 매니저

파이썬 2.6에 처음 소개된 with 문은 과거 리스프 개발자들에게 리스프에서 자주 사용하는 여러 with-* 매크로를 상기시킬 것이다. 파이썬에서도 콘텍스트 관리 프로토콜을 구현하는 객체를 사용해서 흡사한 메커니즘을 구현할 수 있다.

open이 돌려주는 객체는 이 프로토콜을 지원하기 때문에 다음과 같은 코드를 쓸 수 있다.

```
with open("myfile", "r") as f:
    line = f.readline()
```

open이 돌려주는 객체는 두 메서드, __enter__와 __exit__를 가지고 있으며 이들은 with 블록의 시작과 끝에서 각각 호출된다.

간단한 이 콘텍스트 객체는 다음과 같다.

예 14.1 콘텍스트 객체의 구현

```
class MyContext(object):
    def __enter__(self):
        pass
    def __exit__(self, exc_type, exc_value, traceback):
        pass
```

이는 아무 기능도 없지만 문제가 없는 콘텍스트 객체다.

언제 콘텍스트 매니저를 써야 할까? 콘텍스트 관리 프로토콜은 코드에서 다음과 같은 패턴을 발견하면 적절하게 사용할 수 있다.

1. 메서드 A를 호출한다.
2. 어떤 코드를 실행한다.
3. 메서드 B를 호출한다.

여기서 예상하는 것은 메서드 B 호출이 언제나 항상 메서드 A 호출 다음에 와야 한다는 것이다. open 함수는 이 패턴을 잘 보여준다. 내부적으로 파일을 열고 파일 디스크립터를 할당하는 생성자는 메서드 A다. 파일 디스크립터를 해제하는 close 메서드는 메서드 B다. 물론 close 함수는 언제나 항상 파일 객체를 만든 다음 호출되어야 한다.

   contextlib 표준 라이브러리의 contextmanager는 __enter__와 __exit__ 메서드를 생성해주는 제네레이터를 통해 이 기법을 쉽게 구현할 수 있게 해준다. 간단한 컨텍스트 매니저를 다음과 같이 만들 수 있다.

예 14.2 contextlib.contextmanager의 단순한 예

```
import contextlib

@contextlib.contextmanager
def MyContext():
    yield
```

예를 들어 이 디자인 패턴을 Ceilometer(https://launchpad.net/ceilometer) 프로젝트의 파이프라인 인프라스트럭처를 위해 사용하였다. 기본적으로 파이프라인은 객체가 들어오고 여러 장소에서 빠져나오는 튜브다. 데이터를 보내는 과정은 다음과 같다.

1. 보낼 객체들을 인자로, 파이프라인의 메서드 publish(objects)를 호출한다.
2. 끝나면 flush()를 호출하여 퍼블리싱이 끝났음을 알려준다.

flush()를 호출하지 않으면 객체가 튜브로 보내지지 않음을 명심하자. 이 경우 프로그래머가 flush() 호출을 잊기 쉬우며 이때 프로그램이 무엇을 잘못한지 모른 채 작동하지 않을 것이다.

   이런 경우 콘텍스트 매니저를 제공하여 이러한 실수를 허용하지 않는

API를 만들면 훨씬 좋다. 다음과 같은 코드로 이를 쉽게 구현할 수 있다.

예 14.3 파이프라인 객체에 콘텍스트 매니저 사용

```
import contextlib

class Pipeline(object):
    def _publish(self, objects):
        # 퍼블리시 코드가 있다고 가정
        pass

    def _flush(self):
        # 플러시 작업을 하는 코드가 있다고 가정
        pass

    @contextlib.contextmanager
    def publisher(self):
        try:
            yield self._publish
        finally:
            self._flush()
```

이제 API 사용자가 어떤 것을 파이프라인으로 퍼블리싱하길 원하면 _publish나 _flush를 호출할 필요가 없다. 시조(eponym) 함수를 이용해 퍼블리셔를 요청하고 사용하면 된다.

```
pipeline = Pipeline()
with pipeline.publisher() as publisher:
    publisher([1, 2, 3, 4])
```

이러한 API를 제공하면 에러 가능성이 없다. 이 디자인 패턴에 맞는 코드를 발견하면 언제나 콘텍스트 매니저를 사용할 수 있다.

어떤 상황에선 다수의 콘텍스트 매니저를 동시에 사용하는 것이 유용할 수 있다. 예를 들어 복사를 위해 두 파일을 동시에 열 수 있다.

예 14.4 파일 두 개 동시에 열기

```
with open("file1", "r") as source:
    with open("file2", "w") as destination:
        destination.write(source.read())
```

with 문이 다수의 인자를 지원하므로 다음과 같이 쓸 수 있다.

예 14.5 하나의 with 문으로 두 파일 동시에 열기

```
with open("file1", "r") as source, open("file2", "w") as destination:
    destination.write(source.read())
```

찾아보기

기호
@abstractmethod 111
@classmethod 111
__doc__ 102
__name__ 102
@staticmethod 107

번호
2to3 200

ㄱ
가상 환경 63
객체-관계 임피던스 미스매치 181
게릿 94
경합 조건 183
깃(Git) 6

ㄴ
네임드튜플 152

ㄷ
단위 테스트 31, 69
데이터 구조 143
데코레이터 32, 99
도널드 커누스 143
동시성의 함정 171
드라이버 60, 81
디스크립터(descriptor) 프로토콜 115

ㄹ
레디스 178
리스트 해석 123
리스프 136
리스프-1 140

ㅁ
머큐리얼(Mercurial) 6
멀티스레딩 169, 171
멀티프로세싱 171

멍키 패칭 175
메모이제이션 156
메서드 99
메서드 분석 순서 113
모방하기 77
모의(mock) 객체 77
몽고DB 178
문서 주도 개발 40
믹신(mixin) 클래스 81

ㅂ
밸그린드 146
버퍼 프로토콜 160
복원력(resiliency) 169
비동기 173
비동기적 167
비정규화 192
빈스톡 178

ㅅ
서비스 지향 아키텍처 177
속성(attribute) 104
스키마 업그레이드/다운그레이드 182
스킴 139
스핑크스 36
스핑크스 마크업 29
슬롯 152
시나리오 80
실로미터(Ceilometer) 81
싱글 디스패처 207

ㅇ
아마존 SQS 178
언바운드(unbound) 메서드 105
엔트리 포인트 56
외부 라이브러리 17
이벤트 기반 아키텍처 173
이벤트 루프 171

ㅈ
장고 20, 184
전체 테스트를 가상 환경에서 실행 90
정규화 192
정적 메서드 107
제네레이터 118
제네릭 함수 207
제로MQ 178
제로 카피 160
젠킨스 94
주키퍼 178
줄 94

ㅊ
체리파이(CherryPy) 2
최적화 143
추상 메서드 109

ㅋ
캐싱 156
커먼 리스프 139, 195
커버리지 87
코딩 스타일 6
코루틴 122
콘텍스트 매니저 212
콤부 178
클래스 메서드 108

ㅌ
테스트 결과를 스트리밍 84
테스트를 병렬로 수행 87
테스트 정책 69
테스트 주도 개발 31
토네이도 167, 175
튤립(Tulip) 167
트래비스 CI 94
트위스티드 32, 167, 171, 175

ㅍ

파이썬 배포 도구 43
패칭(patching) 79
팩터리 메서드 108
표준 라이브러리 15
표준 스타일 7
풀 리퀘스트 94
프로젝트 구조 2
프로파일링 145
플래스크 20, 185
플러그인 60
픽스처 76

ㅎ
함수형 프로그래밍 117
확장성(scalability) 169
휠 포맷 47

A
abc 109
ACID 191
Alembic 18, 184
AMQ 178
AMQP 177
any 125
assert 70
AST 133
ast.walk 135
asyncio 176
asyncore 171, 175

B
BDFL 54
bintree 151
bisect 23, 150
blist 151

C
cffi 200
chain 130
Clojure 136, 139
CLOS 100, 137, 207
combinations 130
compress 130
contextmanager 213
count 130
coverage 88

cProfile 145
CPython 158
CRUD 194
cycle 130

D
distlib 45
distribute 45
distutils 3, 43
distutils2 45
dis 모듈 146
docstring 34
doctest 40
dropwhile 130
DSL 142
DVCS 6

E
easy_install 44
enumerate 125
epoll(2) 177
eventlet 204

F
filter 124
fixtures 76
flake8 9
fork(2) 172
functools 102
functools.partial 128

G
gevent 175
GIL 159, 170
Greenlet 175
groupby 130

H
hacking 9
HTML5 187
HTML 보고서 89
HTTP 이벤트 스트리밍 시스템 185
Hy 12, 136

I
import 11

inspect 104

J
JIT(Just-In-Time) 159
Jython 170

K
KCahceGrind 146
kqueue(2) 177

L
lambda 128
libev 175
libevent 175
libuv 175
LISTEN 185
LRU 157

M
map 124
memory_profiler 160
memoryview 161
modernize 206
multiprocessing 모듈 167
MVC(Model View Controller) 184

N
namedtuple 24
NodeTransformer 135
nose 70
nosetests 70
NOTIFY 185

O
operator 모듈 129
ORM 20, 181

P
packaging 45
pbr 46
PEP 7 9
PEP 8 6
PEP 44 4
PEP 255 118
PEP 257 34
PEP 302 13, 139

PEP 318 99
PEP 376 47
PEP 405 65
PEP 426 54
PEP 427 48
PEP 443 207
PEP 454 165
PEP 3156 171, 175
permutations 130
pg_notify 186
pip 51
pkg_resources 60
pl/pgsql 185
pl/python 185, 197
poll(2) 174
PostgreSQL 185
Postmodern 195
product 130
psycopg2 187
pyev 177
pyflakes 9
pylint 9
PyPI 51
pyprof2calltree 146
PyPy 158, 170
PYTHONPATH 환경 변수 12

R
RDBMS 181
Read the Docs 34
Request 31
reST 36
REST 178
reStructuredText 36
RPC 177, 178
RPython 159

S
select(2) 174
Server-Sent Events 187
setup.py 3, 43
setuptools 44
singledispatch 함수 210
six 204
smiley 22
sorted 125
SQL 181

SQLAlchemy 17, 26, 184
sqlalchemy-migrate 17
stevedore 22
STM 170
subunit 84
super 112
sys 모듈 12
s-표현식(s-expression) 139

T
takewhile 130
testrepository 85
testscenarios 82
tox 65, 90
trollius 176
tulip 175

U
unicode_literals 202
unittest 72

V
venv 66
virtualenv 도구 63

W
warnings 29
with 212
WSGI 32

Y
yield 문 118

Z
Zen of Python(PEP 20) 166
zip 126